# 全球价值链视角下
# 中国邮轮产业发展和制度创新

李小年 ◎ 著

上海交通大学出版社
SHANGHAI JIAO TONG UNIVERSITY PRESS

**内容提要**

　　本书阐述了自 2006 年进入中国市场的新兴业态——邮轮旅游及其带动的经济产业链所需的制度创新。从全球价值链的视角,分析了邮轮经济产业链、邮轮货物贸易、邮轮服务贸易发展所需要的邮轮产业政策和制度创新。书中主要案例、数据和分析以中国最大的邮轮母港所在地、连续多年占据亚洲和全国邮轮产业半壁江山的上海为基础,对中国其他邮轮港口城市和整个邮轮产业链的发展有一定的参考价值。本书适合邮轮产业相关管理部门、业界、学界阅读和参考。

**图书在版编目(CIP)数据**

全球价值链视角下中国邮轮产业发展和制度创新/李小年著.
—上海:上海交通大学出版社,2020
ISBN 978 - 7 - 313 - 23073 - 7

Ⅰ.①全…　Ⅱ.①李…　Ⅲ.①旅游船-产业发展-研究-中国
Ⅳ.①F426.474

中国版本图书馆 CIP 数据核字(2020)第 041545 号

全球价值链视角下中国邮轮产业发展和制度创新
QUANQIU JIAZHILIAN SHIJIAO XIA ZHONGGUO YOULUN GHANYE FAZHAN HE
ZHIDU CHUANGXIN

著　　者:李小年
出版发行　上海交通大学出版社　　　地　　址:上海市番禺路 951 号
邮政编码　200030　　　　　　　　　电　　话:021 - 64071208
印　　制　上海天地海设计印刷有限公司　经　　销:全国新华书店
开　　本　710mm×1000mm　1/16　　印　　张:8.5
字　　数　151 千字
版　　次　2020 年 6 月第 1 版　　　　印　　次:2020 年 6 月第 1 次印刷
书　　号　ISBN 978 - 7 - 313 - 23073 - 7
定　　价　58.00 元

邮轮作为海上移动度假村，是集吃、住、游、娱、行等于一体的海上新兴休闲度假产品，具有很强的国际性和区域高集聚度，其要素整合充分体现了全球价值链的特点。邮轮航线是国际性的，涉及不同国家和领土、领海；邮轮上的供应、服务、雇员都是全球化的。例如，印度尼西亚和菲律宾籍服务员，意大利和中国籍船员、船长和机务经理，各种国籍的演艺人员，各种风味的餐馆；邮轮在芬兰设计，在德国船厂建造；供邮轮的物品是全球采购、集中配送，等等。作为新兴的融合性产业，邮轮活动对全球货物贸易和服务贸易都产生了一定的影响。邮轮产业是邮轮制造业、邮轮港口业、邮轮服务业、邮轮休闲业等相关领域有机融合的新型业态，具有资本密集、人才密集、技术密集、信息密集和高成长性的特征以及较强的产业乘数效应，能够形成高附加值的产业链，并带动当地旅游、酒店住宿、商业零售、陆上交通、金融服务等多个现代服务业的全面发展。从现实的邮轮经济发展来看，邮轮经济产业链的发展可以有效地促进区域消费市场的扩大、增加社会就业量和提升旅游城市的对外形象，对港口所在城市的发展具有良好的促进作用。

本书是笔者近十年的学术积累，也是历年主笔和参与的上海市人民政府发展研究中心邮轮经济决策咨询专项课题的完善，采取了经济分析与法律分析相结合的研究方法，不仅从全球邮轮经济产业链，还从邮轮服务贸易、邮轮货物贸易的角度阐述了邮轮产业的发展及制度创新。笔者认为，邮轮产业的核心领域主要由核心旅游和邮轮供给两大部分构成。国际邮轮业具有全球性服务和供给的特征，既是船舶又是酒店，不仅是国际航运中心建设的组成部分，而且还是国际贸易中心的重要内容。邮轮服务贸易和货物贸易与普通的服务贸易和货物贸易相比，有其自身的特点，在集聚全球休闲娱乐资源配置方面，邮轮作为海上移动城市，是一种特殊的载体。发展邮轮产业需要特有的制度创新，也是新一轮改革开放背景下的自由贸易港建设中应当涵盖的新内容。

## 第一章　全球价值链视角下的邮轮经济产业链概述

联合国工业发展组织认为，全球价值链是指为实现商品或服务价值而连接生产、销售、回收处理等过程的全球性跨企业网络组织，涉及从原料采购和运输，半成品和成品的生产和分销，直至最终消费和回收处理的整个过程。包括所有参与者和生产销售等活动的组织及其价值、利润分配，当前散布于全球的处于价值链上的企业进行着设计、产品开发、生产制造、营销、交货、消费、售后服务、最后循环利用等各种增值活动[①]。邮轮产业的全球性特点非常明显：邮轮航线是国际性的，邮轮上的供应是全球采购、集中配送的，邮轮上的游客是全球性的，邮轮上各类服务人员和船员也是全球性的，邮轮的设计、建造、维修和保养也涉及很多国家。

邮轮旅游起步于20世纪60年代，进入21世纪以后，成为全球休闲旅游业中增长速度最快的行业。邮轮产业是一个利润巨大的全球性产业，其最大的收益来源是邮轮上提供的各种各样的消费，包括美容院、幼儿护理、老人康复、按摩设施、酒吧、KTV及会议中心等，国外邮轮中最大的收入来源还包括船上赌场。中国邮轮旅游近十年也保持高速增长，自2016年起上海邮轮港不仅是全国最大的母港，而且是亚洲第一，仅次于美国的母港客源市场。本章在全球价值链的视角下阐述邮轮经济产业链的相关概念和构成要素，并对国内外邮轮旅游发展现状和邮轮港口建设等方面进行综合分析。

---

① 联合国工业发展组织2002—2003年度工业发展报告《通过创新和学习来参与竞争》。

# 第一节　国际邮轮经济产业链概述

## 一、国际邮轮经济产业链介绍

### （一）邮轮旅游

邮轮旅游是一种涵盖吃、住、行、游、购、娱六大旅游要素的新旅游形式。邮轮旅游与一般旅游最大的不同在于邮轮本身即目的地。20世纪末至今，邮轮旅游保持着平均每年7.4%～8%的增长速度，成为全球范围内休闲旅游产业中增长最快的领域。尤其是近年来，世界邮轮市场正逐步向东扩展，旅游消费大国的中国正成为当前发展速度最快的地区。

### （二）邮轮经济

邮轮经济是指邮轮产业链的不同环节所产生的需求与服务，进而推动各环节运行和发展，最终创造出市场多元化的经济收益。

狭义的邮轮经济是指邮轮抵达之前、抵达、停靠、离开邮轮码头时发生的一系列经济活动，包括邮轮、邮轮乘客及船员所带来的经济消费。

广义的邮轮经济涉及邮轮产业所有环节形成的经济活动行为（见图1-1），几乎涉及所有与邮轮相关的经济产业部门。

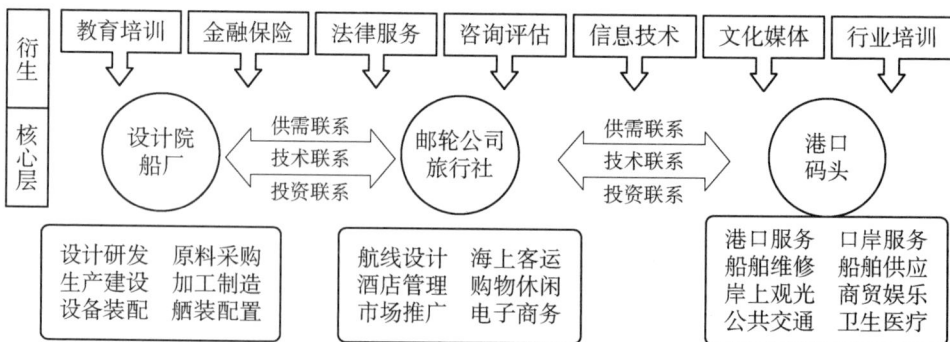

图1-1　邮轮产业链示意图

### （三）邮轮产业链

邮轮产业链是以邮轮为主要载体，以观光、休闲度假等为具体内容，围绕船舶制造、港口服务、后勤保障、交通运输、游览观光、餐饮购物和银行保险等行业形成的产业链条。

狭义的邮轮产业是指以邮轮为载体，开展海上观光休闲和岸上旅游业务，主要由运输业、休闲娱乐业和旅游业三个产业共同构成，可以理解为从邮轮消费需求角度出发的邮轮产业。

广义的邮轮产业是邮轮旅游涉及的核心和延伸产业，可以理解为从邮轮供给需求角度出发的邮轮产业。从邮轮产业链的上下游关系来看，邮轮产业链主要由上游的邮轮设计建造环节、中游的邮轮运营环节、下游的码头港口相关产业环节共同组成。

邮轮产业链涉及船舶制造、维修、机械、计算机与电子设备、食品加工、石油、化工、塑料、物流、运输、旅游、咨询、金融保险、房地产、专业技术服务、批发零售贸易、港口代理、教育培训、政府服务等一系列行业，同时还涉及整个城市的交通、通信、商业、餐饮、文化、娱乐等产业。

（四）邮轮经济贡献

邮轮经济贡献包括三个方面：直接经济贡献、间接经济贡献和衍生经济贡献。邮轮旅游产生的直接支出包含三个部分：邮轮游客、船员及邮轮本身。乘客和船员的支出主要包括前往港口花费、旅游、本地交通和购物消费等。与一般旅游模式不同，邮轮旅游对港口所在地的贡献最大的不仅是游客，还有邮轮公司的运营支出，包括船上和岸上雇员的薪酬支出，母港的燃油、淡水、废物处理、维修、保养补给等支出，港口方面的靠泊费、行李费、引航费等支出，还有旅行代理、广告营销等商业和会计、法律等服务业的支出。

邮轮旅游是国际旅游市场上增长速度快、发展潜力大的一种高端旅游项目，近年来在亚洲特别是中国的发展更是令人瞩目。邮轮挂靠的港口城市都会或多或少受到邮轮经济的拉动。邮轮公司在港口所在地购买补给用品和服务、招募当地雇员，邮轮乘客和船员在港口所在地的旅游、餐饮、住宿、购物等消费可以大大地促进当地经济的发展。

## 二、邮轮经济对地方经济和产业的带动作用

邮轮产业可以带动当地旅游及商业发展，促进当地相关收入增长，提升邮轮码头所在地服务接待标准及水平。邮轮经济的发展还能扩大当地的就业规模，提高就业水平，并在不断发展中产生人口集聚效应，促进当地城市化进程。与邮

轮产业相关的港口、城市和国家,在邮轮业务上获得的经济回报是巨大的。有研究显示北美邮轮业为美国各州的经济带来了巨大的经济回报,特别是邮轮母港对当地和国家的经济有着巨大的拉动作用。

### (一)邮轮业促进当地旅游及商业的发展

邮轮业可以在以下几方面促进当地旅游及商业的发展。

第一,带动当地旅游及商业发展,促进当地相关收入增长。大多数的旅客选择乘坐邮轮的动机就在于通过邮轮旅行,不仅可以获得邮轮上温馨舒适的各种服务,更重要的是通过一次邮轮旅行便能够体验到该条邮轮航线涉及的不同地区甚至不同国家的各种文化。所以说邮轮经济对邮轮码头所在地经济的首要贡献就是它带来了大量的旅游观光者,从而增加了当地的旅游及各种商业收入。

第二,提升邮轮港所在地服务接待标准及水平,促进区域经济一体化发展。越来越多的来自世界各地的邮轮游客以及不同的服务需求,会激励邮轮目的地更好地实施相关的旅游及商业服务标准并及时地进行调整更新。

此外,邮轮旅游的发展更需要区域旅游目的地资源的整合。2004 年,挪威、瑞典、丹麦、德国、波兰、立陶宛、拉脱维亚、芬兰及俄罗斯等国家的 20 个沿海城市,为了提高本地区整体的游客服务接待水平共同发起了名为"航游波罗的海"的计划。该计划的推进,不仅使波罗的海沿岸地区接待来访旅客的能力大为提高,同时也使该计划逐渐发展为一个区域合作联盟,不断推动着波罗的海邮轮旅游目的地的发展。随着邮轮旅游在跨境旅游中所占比重的提升,邮轮旅游合作已成为区域经济合作的新领域。即便目前邮轮经济的发展还只是以单个国家为单位进行,但是吸引客源的目标仍会驱动各地区自发地提高服务质量来赢得旅客的满意。

第三,有利于当地城市及本土品牌的国际知名度和认可度的提高。邮轮经济作为国际名片,使当地的企业或者商家更加重视品牌的营销和推广。原因有两方面,一方面是邮轮港所在城市为了吸引更多的邮轮观光旅客而进行城市形象的营销及推广;另一方面是众多来自世界各地的邮轮旅客的到来为本土企业的品牌营销及推广提供了很好的条件,使其有机会迅速提高知名度。面对国际邮轮航线上众多各具特色的邮轮目的地的竞争,邮轮港口所在地进行广告宣传就显得势在必行。日本的经验具有代表性。2003 年 VJC(Visit Japan Companion)成立,它通过一系列对外营销及推广使到访日本的邮轮数量以及邮轮旅客人数不断增加,而其知名度也不断提升,并使国际邮轮协会重点推荐其国内的大阪及长崎两个港口作为远东地区主要的邮轮挂靠港。此外,邮轮经济的发展以及大量邮轮旅客的到来为本土品牌的推广提供了良好的外部机会。如今一般的邮轮都具备餐厅和礼品店这样的消费场所。仅就餐厅而言,较大的邮轮都拥有几个主餐厅以及其他形式的各种餐厅,游客们可以根据自己的喜好进行自由选择,而礼品店里的商品种类就更加不胜枚举。如果邮轮目的地的本土企业能够把产品品牌的宣传营销聚焦在邮轮这个海上移动度假村,本土品牌将有机会快速提高知名度和客户认可度。大量邮轮旅客到停泊港口目的地参观消费,众多具有当地特色的本地产品和本地品牌也能够由此获得传播及推广。

### (二) 邮轮业带动当地的就业

从直接影响看,一方面为了保证邮轮港口的正常运转,需要一大批管理和营运人员;另一方面由于众多的邮轮公司在邮轮母港都有各自邮轮航班的固定航线,为了工作和管理的方便,邮轮公司往往会在邮轮母港设置地区总部或办事处,并招聘了解当地市场、具有专业能力的管理人员和船务人员。上述这两方面的岗位均直接与邮轮港本身的营运相关联,所以这类就业岗位的增加就是由邮轮经济直接促成的。以邮轮雇员为例,为了满足邮轮旅客的服务需要,大多数邮轮每三名游客至少要对应一名工作人员,这一比例有时达到 1.5∶1。

从间接拉动看,邮轮产业链中处于上、中、下游的各产业,其持续的发展和壮大离不开众多从业人员的参与和努力。其中,既需要上游产业如邮轮物资生产、维修等相关人员,也需要下游产业如银行、保险业等方面的从业人员。所以邮轮经济可以带动就业规模进一步扩大。被誉为"世界邮轮之都"的迈阿密港,通过40 多年的不断发展,其邮轮经济已创造了超过 35 万个工作岗位[①]。

### (三) 邮轮业推动当地的城市化

对于城市化,较有代表性的概念论述来自日本的森川洋。他认为,城市化主要是指农村生活方式向城市生活方式的转化过程,表现为城市人口增加、城市建成区扩展、景观和社会城市生活方式的形成,邮轮经济可以加快当地的城市化进程。以下借助森川洋的城市化定义进行分析。

第一,从城市人口来看,邮轮经济会导致城市人口增加并在邮轮港周边地区积聚,进而产生集聚效应。邮轮经济为邮轮港所在地提供了大量就业岗位,吸引大量劳动力人口向邮轮港口地区移动并逐步定居下来,最终导致城市人口增加。邮轮经济的产生及发展对劳动人口产生了迫切的需求,而劳动人口的增加和集

---

① 资料来源:国际邮轮协会 2019 年年度报告。

聚又会进一步促进邮轮经济的发展。除此之外,大量相似商品和服务的供应商集中在邮轮母港周围这一有限的空间内相互竞争,长此以往必然会导致优胜劣汰,从而促进当地产业结构的调整和经营竞争力的提高。

第二,在景观和城市环境方面,由于发展邮轮经济,城市的环境及整体景观将焕然一新。要发展邮轮经济,首先要在理想的水域规划和建设一个能够满足各种邮轮停泊的邮轮码头,随后在其周边建成一系列的服务消费场所,这将极大地改变邮轮港口所在地的整体面貌。有些邮轮港口所在地还会建设专门的地标性建筑物以提高旅客认知度。如日本神户港在其港区建有摩天轮、神户塔、外观独特的博物馆等建筑设施,给来此参观的游客留下美好而深刻的印象;澳大利亚的悉尼歌剧院也大大提升了悉尼的城市形象和知名度。

第三,在社会及生活方式方面,邮轮经济会改善当地的休闲娱乐以及出行情况。无论是神户还是悉尼,其港口的设施建设除了美观之外更不乏实用的功能。在这些地区,邮轮港、地标性建筑物以及公共活动场所的建成,除了使当地居民有一个新的休闲场所之外,更重要的是作为一个崭新的商业娱乐观光中心的崛起。例如,日本的神户港在港区中除了建有可供普通民众散步休憩的长堤和长凳,还建有五星级的酒店,拥有可以俯瞰整个港区的摩天轮、免税商店以及游艇观光码头等。其功能已经从邮轮及旅客进出港的一个停泊点上升为一个商业休闲功能非常全面的城市商业中心,并与当地人们的日常生活紧密地融合在一起。这一点在其他各大邮轮港的规划发展上也能清楚地看到。

此外,在出行方面,因为邮轮经济发展的带动使邮轮港所在地区大力建设交通出行设施,便利了邮轮旅客和当地人们的出行。例如,美国迈阿密作为世界邮轮经济最为发达的地区,拥有配备齐全的交通网络和出行工具。

## (四)邮轮业推动地区经济发展

邮轮业还可以促进当地的旅游及商业的发展。因为大多数人选择乘坐邮轮的动机还是观光旅游,所以邮轮经济的发展毫无疑问会为当地提供大量的旅游客源,进而增加其旅游及商业收入。同时游客人数的增长以及消费和服务要求的提高,也促使邮轮港所在地相关产业的服务接待的标准和水平不断提高和改进,从而进一步令当地总体服务水平得到提升。由于邮轮经济的发展需要,邮轮港所在地会花大量的精力进行城市形象的营销及推广,富有当地特色的本土品牌产品将有机会被来自世界各地的人们认识和了解,这都将促使当地城市及本土品牌的国际知名度和认可度的提高。

## 第二节　国内外邮轮经济发展现状及趋势分析

### 一、国际邮轮经济发展现状及趋势

#### (一)国际邮轮经济发展现状

##### 1. 全球邮轮需求状况

在邮轮发展的近半个世纪,从北美地区到欧洲,到大洋洲,再到最近几年不断发展的亚太地区,全球邮轮旅游需求呈现持续增长态势。近十年来国际邮轮旅游市场保持6%～8%的增速,成为国际旅游业中增速最快的新兴业态,邮轮经济与邮轮市场增速基本相当。2018年邮轮旅游保持积极的发展态势,市场规模达到2690万人次,比2017年的2580万人次有所增长。根据国际邮轮协会的最新报告,全球邮轮市场规模在2019年预计达到2800万人次,2025年预计达到3760万人次(见图1-2),具有良好发展前景和市场潜力,反映出国际邮轮业对邮轮市场充满信心。世界邮轮市场规模增长的推动力从以北美和欧洲为主向以北美、欧洲和亚太为主转变,进一步提升邮轮市场发展的潜力。

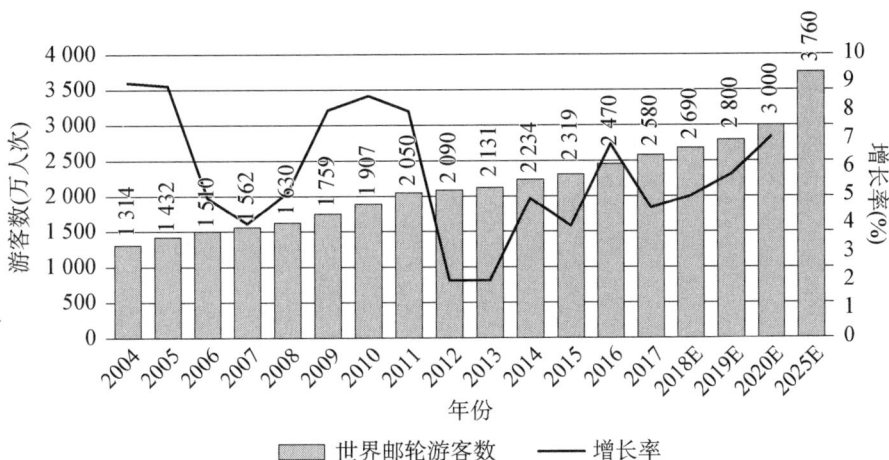

图1-2　2004—2025年世界邮轮游客数及增长率

资料来源:国际邮轮协会2019年年度报告。

全球邮轮市场呈现高度集聚的典型特征。美国占有北美邮轮市场的绝大部分份额,美国的五大邮轮港口是迈阿密、爱弗格雷斯港、卡纳维拉尔、加尔维斯敦和长滩,美国 70% 左右的游客从这五大港口登船,具有较高的集中度。

在欧洲邮轮市场,五个最大的客源国家占据欧洲市场份额的 80% 左右。德国和英国的游客量占据欧洲市场份额的 50% 左右,来自意大利、法国、西班牙的游客量占据欧洲市场的 30% 左右,其他游客量超过 10 万的国家有挪威、瑞士、奥地利、荷兰,这四个国家的游客量占据欧洲市场份额的 8%。欧洲主要邮轮港口有南安普顿、巴塞罗那、威尼斯、奇维塔韦基亚、萨沃纳、热那亚、帕尔马、马略卡、汉堡、马赛和哥本哈根,这些邮轮港口占据欧洲 2/3 的客源市场份额。地中海以亚平宁半岛、西西里岛和突尼斯之间的突尼斯海峡为界,分东、西两部分,是古代文明的发祥地之一,有古埃及的灿烂文化,有古巴比伦王国和波斯帝国的兴盛,更有欧洲文明的发源地。地中海地区邮轮占到欧洲市场运力的 70% 以上。地中海地区主要的邮轮母港有巴塞罗那、威尼斯、奇维塔韦基亚、萨沃纳和热那亚。主要目的地和中转港包含那不勒斯、马赛、特内里费、杜布罗夫尼克、比雷埃夫斯、拉斯维加斯帕尔马斯。

传统的占主导地位的北美邮轮市场日趋饱和,开辟新邮轮航线的空间有限,加之多条邮轮航线陈旧、缺乏新意等问题,使得北美的邮轮市场中心开始发生转移。邮轮公司为满足亚太日益增长的消费需求以及自身开拓新兴市场的需要,不断将其运力由欧美等发展成熟的地区转向不断成长的新兴亚太市场。

亚太市场是全球范围内增长最为迅猛的新兴邮轮市场。随着亚太地区经济发展水平的不断提升,中产阶层开始不断壮大,这为邮轮旅游在亚太地区的发展提供了很好的客源基础。亚太地区拥有丰富的旅游资源以及众多天然的优良海港,南太平洋沿岸港口的不断兴建为发展邮轮旅游提供了物质基础,加之相关国家的政策鼓励使得亚太发展邮轮旅游有了强大的动力和保障。近年来,随着亚太地区邮轮市场环境的向好发展,各地政府对邮轮产业的投资力度逐步增大,利用自身丰富的旅游资源,加大邮轮市场的培育力度,使得邮轮市场的规模不断提升,吸引更多的国际邮轮运营集团投资亚太邮轮市场。

### 2. 全球邮轮供给状况

从全球邮轮市场供给格局来看,欧美市场仍占据绝对主导地位。在过去的十年里,全球邮轮运力部署保持高速的增长态势。国际邮轮协会的数据显示,2018 年全球邮轮市场提供了 52.6 万个床位数,其中邮轮提供了 48.3 万个床位数,内河邮轮提供了 4.3 万个床位数。2018 年全球邮轮提供床位天数达到 1.67 亿。在全球邮轮运力中,2017 年全球邮轮数量为 449 艘,2018 年为 508 艘,同比增长 13.1%,其中 290 艘为海洋邮轮,218 艘为内河邮轮。

当前,嘉年华集团、皇家加勒比游轮、诺唯真游轮集团、地中海邮轮集团、云顶邮轮集团是全球前五大邮轮运营集团(见表1-1)。在世界邮轮市场格局中,邮轮企业巨头掌控着市场的主导权,船队规模位居世界前三的巨型邮轮企业占据世界邮轮市场份额的80%以上,船队规模宏大,运营邮轮品牌多样,针对各个区域市场投放不同层次的邮轮品牌。其中,邮轮业界实力最强的嘉年华集团运营九大邮轮品牌共计100余艘邮轮,占据1/2左右的世界邮轮市场份额,船队规模仍在逐渐扩大。实力位居第二的皇家加勒比公司在世界范围内运营六大邮轮品牌,邮轮总量多达40余艘,运营航线涵盖范围十分广泛,可以到达的旅游目的地数量近500个。2018年6月14日,皇家加勒比国际游轮公司以10亿美元收购银海邮轮66.7%的股权。皇家加勒比游轮通过债务为此次收购融资,银海邮轮将作为皇家加勒比游轮旗下独立的品牌。亚洲邮轮企业云顶邮轮集团规模位列世界第五,拥有9艘邮轮,主要运营亚洲邮轮市场。

表1-1　2018年世界五大邮轮公司概况

| 邮轮公司 | 总部基地 | 创始时间 | 邮轮数量(艘) | 品牌数量(个) |
|---|---|---|---|---|
| 嘉年华集团 | 美国迈阿密 | 1972年 | 105 | 9 |
| 皇家加勒比国际游轮公司 | 美国迈阿密 | 1968年 | 52 | 6 |
| 诺唯真邮轮集团 | 美国迈阿密 | 1966年 | 26 | 3 |
| 地中海邮轮集团 | 那不勒斯 | 1987年 | 15 | 1 |
| 云顶邮轮集团 | 中国香港 | 1993年 | 9 | 3 |

资料来源:国际邮轮协会2019年年度报告。

　　2019年2月1日,皇家加勒比国际游轮第二艘超量子系列游轮在位于德国帕彭堡的迈尔船厂正式开工建造,这是皇家加勒比集团旗下的第27艘游轮,被命名为"海洋奥德赛号"(Odyssey of the Seas),预计于2020年秋季在美国启航。2019年年初,意大利芬坎蒂尼造船厂继"七海探索者号"后,正式向丽晶七海交付5.5万总吨的"七海辉煌号"邮轮,另外一艘将在2023年交付。意大利芬坎蒂尼造船厂向维京邮轮交付了4.7万总吨、载客量达到930人的"木星号"邮轮,未来将逐步向维京邮轮交付规格基本一致的10艘新船,使得维京邮轮船队的规模不断扩大。2019年1月,专注于极地探险的夸克探险邮轮公司(Quark Expeditions)在克罗地亚最大的船厂举行新船建造钢板切割仪式,建造的新型极地探险邮轮将在2020年建成并交付使用,本次建造的新型邮轮长度达到128米,吨位为1.35万总吨,最大载客量为200人。

　　邮轮公司为满足亚太地区日益增长的消费需求以及自身开拓新兴市场的

需要,不断将其运力由欧美等发展成熟地区转向不断成长的新兴亚太市场。从全球邮轮市场来看,在北美与欧洲地区市场量级占有优势的背景下,亚洲市场成为国际邮轮公司发展的重要市场。亚洲邮轮市场在全球市场的占比取得了较大的提升,其中中国邮轮市场发挥了重要作用。另外,日本、韩国等地的邮轮市场也处于较强的增长态势,中国邮轮市场与日韩邮轮市场的互动性较强。

3. 全球邮轮市场布局调整情况

2018年,公主邮轮着力在华推广海外航线,将国际化邮轮体验、丰富的海外航线及目的地和备受赞誉的海外岸上观光完美结合。2018年海外航线全新推广计划包括阿拉斯加航线、东南亚航线、澳大利亚新西兰航线、北欧航线、美洲航线、环球航线等。其中"蓝宝石公主号"以新加坡为母港运营东南亚航线,2018年9月"盛世公主号"季节性暂别中国母港,转至澳洲邮轮市场运营。嘉年华集团为歌诗达邮轮集团建造的第一艘Vista级邮轮"威尼斯号"在2019年投放上海市场,并且未来将持续加大对中国市场的投入,增强在中国市场的竞争力。

皇家加勒比游轮"海洋绿洲号"打破了以往的游轮度假模式,打造标志性水剧场表演场地,不断推动邮轮旅游产品的创新。从2019年开始"海洋绿洲号"将进行更为全面的改造,以期成为从新泽西州贝永自由岬邮轮港出发的首艘Royal Amplified邮轮,启航时间为2020年5月。整个夏季,游客都可以乘坐"海洋绿洲号"开启7晚的邮轮旅游,主要前往巴哈马群岛、新英格兰和加拿大。另外,"海洋冒险者号"将驶回自由岬邮轮港,开展5晚以及9晚的夏秋季邮轮线路,主要前往百慕大、新英格兰、加拿大、巴哈马群岛、加勒比海等著名旅游目的地。"海洋交响号"将返回佛罗里达州迈阿密港,其姐妹船"海洋和悦号"将返回卡纳维拉尔港,开启7晚的东加勒比海和西加勒比海航行之旅,并且这两艘邮轮都将参与"可可岛完美假期"项目。"海洋富丽号"将在夏季时节开展为期5晚和9晚的百慕大和巴哈马群岛线路,在冬季开展为期9晚的东南部海岸和巴哈马航线以及12晚的南加勒比海航线。

在2020年的夏季计划中,长期运营纽约母港航线的"海洋圣歌号"将穿越大西洋驶回英国南安普敦,这是该邮轮近5年来的首次返航。"海洋独立号"经过2018年的改造,将于2020年夏季返回南安普敦,开启围绕挪威峡湾、加那利群岛和北非、斯堪的纳维亚和俄罗斯,以及意大利地中海地区7~14晚的航海行程,另外新增摩洛哥阿加迪尔以及位于大西洋中部葡萄牙亚速尔群岛的蓬塔德尔加达作为全新目的地。"海洋迎风号"将于2020年夏季返回意大利威尼斯,在希腊、克罗地亚航线和希腊群岛航线之间交替航行,开展短途邮轮旅游航线。"海洋珍宝号"将开启哥本哈根母港航线,提供穿越挪威峡湾的 7 晚之旅以及斯堪的纳维亚半岛、俄罗斯航线 7 晚之旅。"海洋光辉号"将第三次于夏季返回阿姆斯特丹,提供 12 晚的波罗的海航线以及环不列颠群岛的 12 晚邮轮旅游产品。

4. 全球邮轮产业规模

在特定区域内发展邮轮产业经济,通常会受到区域内经济发展水平、区域内旅游资源的质量及分布、区域内人群出游方式、各种服务质量及水平等"软环境",船舶维修能力等"硬环境"各方面因素的影响。

目前世界邮轮产业主要集聚在北美和欧洲。北美地区以邮轮总部及配套产业为主,世界邮轮设计建造及配套产业主要集中在欧洲。以美国迈阿密为例,世界前三大邮轮公司总部均在迈阿密,迈阿密所在的佛罗里达州始发游客占据美国邮轮游客的 60.7%,邮轮经济直接贡献占美国邮轮经济总贡献的 36.8%,邮轮经济呈高度集聚态势。邮轮制造也具有高度垄断性,全球最大的三家邮轮建造公司及配套企业均位于欧洲,合计承接全球 90% 的订单。造船包括维修和翻新带来的经济贡献,欧洲占到 27%,美国只有 4%。

2017 年全球邮轮市场收入规模达到 465 亿美元,同比增长 8.2%;2018 年全球邮轮市场收入规模达到 514.2 亿美元,同比增长 10.6%;2019 年全球邮轮市场收入规模将达到 552.6 亿美元,同比增长达到 7.5%。就业和收入贡献分别占全球收入和就业总数的 30% 和 38% 左右,美国邮轮经济的就业和收入贡献是最大的,分别占全球就业和收入贡献的 40% 和 50% 左右。日益增长的游客消费和邮轮维保以及更多的邮轮公司选择在欧洲船厂建造邮轮,使得欧洲邮轮产业的经济贡献得到大幅度提升,2017 年欧洲邮轮产业经济贡献达到 563 亿美元,比 2015 年增长 17%。2017 年共有 212 艘邮轮在欧洲市场母港运营,其中有 40 家欧洲邮轮公司的 137 艘邮轮,成为继加勒比海之后的第二大邮轮目的地。2017 年邮轮公司在欧洲船厂的支出达到 56 亿欧元,预计到 2021 年,将新造 66 艘邮轮,总价值超过 294 亿欧元。

5. 全球邮轮经济贡献

国际邮轮协会的研究报告显示,2017 年世界邮轮市场需求量由 2016 年的 2470 万人次增长至 2580 万人次,增长了 4.5%。2007—2017 年均保持增长态势,10 年间邮轮市场需求量增长了 64.6%。越来越多的人选择邮轮作为出游方式,可以预见未来数年里,邮轮市场需求将进一步扩大,邮轮产业对港口所在地区的经济贡献将继续保持增长。

2017 年全球上岸游览的游客与船员总人次约为 1.37 亿人次,比 2016 年的 1.29 亿人次增长了 5.8%。游客、船员及邮轮公司的直接支出总计为 610 亿美元,通过直接支出进而产生间接经济贡献和诱导经济贡献,加总得到总经济贡献约为 1 340 亿美元,相比 2016 年增长了 6.3%。同时邮轮产业已经连续两年雇用了超过 100 万名员工,2016 年为 102 万名员工,2017 年更是提供了 110 多万个兼职和全职岗位,支付给员工的工资报酬达 456 亿美元,比 2016 年增长了 10.9%(见表 1-2)。

表 1-2　2016—2017 年全球邮轮经济贡献情况

| 分　类 | 2016 年 | 2017 年 | 增幅(%) |
|---|---|---|---|
| 游客与船员上岸人次(百万人次) | 129.38 | 136.87 | 5.8 |
| 直接支出总计(10 亿美元) | 57.93 | 61.02 | 5.3 |
| 总经济贡献(10 亿美元) | 125.96 | 133.96 | 6.3 |
| 工资收入总计(10 亿美元) | 41.09 | 45.57 | 10.9 |
| 就业人数总计(人) | 1 021 681 | 1 108 677 | 8.5 |

资料来源:国际邮轮协会《2017 年全球邮轮经济贡献研究报告》。

### (二) 国际邮轮产业发展趋势

**1. 邮轮旅游人数和邮轮运力稳步增长**

邮轮旅游为游客提供的独特与综合体验使其魅力无限,未来仍将是一个年轻而具有吸引力的国际化产业。全球权威邮轮机构与组织(PSA、CLIA、ECC)预测,2020 年全球邮轮乘客将达到 3 000 万人次的规模。其中,欧洲和亚洲市场的增速更为明显。2020 年初突发的全球疫情短期内对邮轮旅游市场影响较大,但不影响长期向好的趋势。

20 世纪 80 年代,全球新增邮轮 40 艘,90 年代,新增邮轮 80 艘,而 2000—2013 年,全球新增邮轮 167 艘。2014 年有 6 艘新船投入运营,邮轮运力增加 17 410 客位。2015—2016 年有 17 艘新船下水,运力增加 41 162 客位。2018 年出现的新变化是,全球邮轮运力继续增长,一大批探险邮轮下水,但外国邮轮在中国市场的运力投放显著下降。2019 年有 25 艘新邮轮下水,创历史新高。这些新船将增加近 4 万个邮轮床位,远高于 2018 年的近 3 万个新增床位。其中贡献最大的当属两个欧洲品牌:地中海邮轮的"地中海鸿图号"和"地中海嘉丽号",共计 9 388 个床位;歌诗达邮轮的"歌诗达威尼斯号"和"歌诗达翡翠号",共计9 120个床位(见表1-3)。

**表1-3　2016—2021年全球邮轮运力情况**

| 类　别 | 2016年 | 2017年 | 2018年 | 2019年 | 2020年 | 2021年 |
|---|---|---|---|---|---|---|
| 全球邮轮(艘) | 316 | 356 | 379 | 404 | 425 | 451 |
| 床位(个) | 498 461 | 535 681 | 562 693 | 601 777 | 644 943 | 687 034 |
| 市场运力(人) | 23 652 166 | 25 201 942 | 26 672 359 | 27 764 142 | 30 016 002 | 32 508 841 |
| 同比增长(%) | 7.0 | 6.6 | 5.8 | 4.1 | 8.1 | 8.3 |

资料来源:根据国际邮轮协会的数据整理。

据国际邮轮协会预测,到2027年,全球邮轮行业将至少新增113艘邮轮,订单金额总计达到670亿美元。全球豪华邮轮订单数量已经创造了史无前例的新纪录。同时,大部分新船将使用液化天然气动力,尽管每艘邮轮的体积越来越大,但效率通常比上一代提高20%。除了常规邮轮,探险邮轮将是下一个增长点,30艘探险邮轮订单将在2018—2024年间交付,这就意味着到2023年,探险邮轮市场的运力将会增长至少70%。

2. 邮轮公司垄断格局将继续

国际邮轮公司作为全球邮轮产业的主体,是全球邮轮业加速发展的推动力,主导着邮轮市场的前进方向。目前,嘉年华、皇家加勒比、云顶香港及地中海四家公司的邮轮运力约占全球总量的82%,市场份额达到88%。邮轮市场呈现寡头垄断格局。未来这些公司对全球邮轮市场的掌控程度将有增无减。但小型邮轮公司经营灵活,在特定的地区和差异化产品方面仍有发展空间。

3. 邮轮建造大型化、功能多样化

邮轮产业具有显著的规模经济特征,体现在两个方面:单艘邮轮的规模经济和船队的规模经济。邮轮注册吨位越大,载客量越多,单个舱位(床位)成本越低,达到收支平衡点所需收取的邮轮价格也越低,产品的价格竞争力也就越强,这就使得每年新投入运营的邮轮体量越来越大,在过去20年中,新船的平均载客量已经从1 000人增长到接近4 000人。2019年,全球海洋邮轮订单量为122艘,平均载客量上升到2 254人,平均吨位数为91 245吨,平均造船成本为5.76亿美元,床位平均价格为25.6万美元,总床位数达到26.6万,全球新造船总价值为680亿美元。预计到2019年底,全球邮轮船队共有227艘船,32.9万个床位,总载客量可以达到1 558万人。

全球邮轮船队近年来的明显特征就是单体邮轮建造的规模越来越大。截至

2018 年末,10 万吨级及以上的船舶占总艘数的 80%。考虑需求增长及运输规模等因素,预计亚洲地区邮轮船型也将继续向大型化趋势发展(见图 1 - 3 和表 1 - 4)。

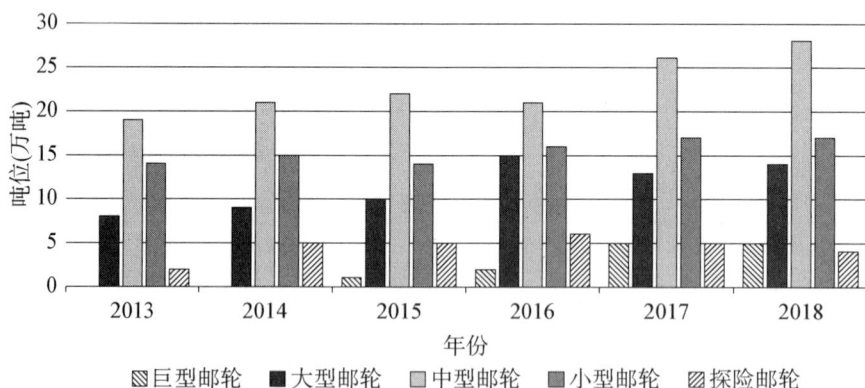

图 1 - 3　全球邮轮船队吨位结构

资料来源:国际邮轮协会 2019 年年度报告。

表 1 - 4　2019 年全球海洋邮轮(不含内河游轮)运营数据

| 全球海洋邮轮订单量(艘) | 平均载客量(人) | 平均吨位数(吨) | 平均造船成本(亿美元) | 每床位平均价格(万美元) | 总床位数(万) | 全球新造船总价值(亿美元) |
| --- | --- | --- | --- | --- | --- | --- |
| 122 | 2 254 | 91 245 | 5.76 | 25.6 | 26.6 | 68 |

资料来源:国际邮轮协会 2019 年年度报告。

功能上,除酒吧、咖啡厅、免税商店、夜总会、健身中心、图书馆、会议中心、青少年中心外,邮轮上还有豪华赌场、游泳池、高尔夫球练习场、保龄球馆、篮球馆、排球馆、滑浪池、攀山墙、滑冰场等大型设施,邮轮休闲娱乐功能趋向多样化发展。

4. 国际邮轮市场向亚太转移

据世界旅游组织预计,东盟和亚太地区将是未来邮轮市场发展最快的区域。该区域不仅为西方市场的邮轮游客提供全新的旅游景点,也提供全新的邮轮客源市场。

全球主要的邮轮经营者把重心转向亚洲,在该区域设立新办事处并推出更多亚洲行程。亚太地区的邮轮游客从 2005 年的 107 万人次增加到 2018 年的 420 万人次。随着北美传统邮轮旅游目的地的日益成熟和世界其他地区许多邮轮目的地的兴起,全球三大区域邮轮市场——北美、欧洲和亚太地区的发展格局正在悄然变化,诸多信号显示全球邮轮经济正在东移。

5. 消费市场大众化和年轻化

国际邮轮协会的一项调查显示,美国有 12.3％的人曾经乘坐过邮轮;超过 6 800 万的美国人希望乘坐邮轮;6 900 万人愿意在未来 5 年内乘坐邮轮,超过 4 300 万的人确定会成行,这意味着潜在的邮轮度假市场规模至少达到 570 亿美元,最高可能达 850 亿美元;乘坐邮轮的人中有超过 80％的人表示"非常满意"或者"很满意",90％的人表示日后会再次乘坐邮轮。在所有形式的度假旅游中,邮轮度假的顾客重游率最高。规模经济会继续推动大范围邮轮旅游价格的下降,反过来又会促进邮轮市场的更加大众化和年轻化趋势。

6. 邮轮短程航线选择更加丰富

短航程邮轮旅游最初是嘉年华邮轮公司为了能让更多人体验邮轮旅游而在 1970 年大力推动的。现在许多邮轮公司将短程航线作为一个关键的销售工具,新的邮轮旅客可以在不花费太多金钱和时间的情况下体验邮轮旅游,逐步发展成邮轮旅游的忠实客户。有数据表明,40％未坐过邮轮的人对未来选择 3～5 天的航程旅行更感兴趣,这个数字比坐过邮轮的人(16％)高出了近两倍。

## 二、中国邮轮经济发展现状及趋势

### (一) 中国邮轮经济发展现状

#### 1. 中国旅游市场发展概况

2018 年 2 月,中国文化和旅游部数据中心发布的《2017 年全年旅游市场及综合贡献数据报告》指出:"2017 年中国全年实现旅游总收入达 5.4 万亿元,同比增长 15.1％。其中入境旅游人数达 13 948 万人次,比上年同期增长 0.8％;中国公民出境旅游人数达 13 051 万人次,比上年同期增长 7.0％。初步测算,全年全国旅游业对 GDP 的综合贡献为 9.13 万亿元,占 GDP 总量的 11.04％。"2017 年旅游发展的国内外环境持续优化,国内旅游市场高速增长,出入境市场平稳发展;2018 年中国入境旅游保持平稳增长、理性发展的主基调,为邮轮旅游提供了良好的发展环境。

中产阶层促进旅游发展。目前中国的中产阶层占总就业人口的 20％,如果按每年 1％的增速,20 年内中产阶层可以达到总就业人口的 40％。由中国经济持续飞速发展催生的中产阶层,使得旅游、汽车、通信等多种消费品产业进入一个新阶段。中国也是高规格国内旅游发展最快速的国家。过去十年来,中国中产阶层的购买力大大增强,其发展速度惊人。

在线旅游交易规模扩大。得益于智能手机、平板电脑等产品的兴起,在线旅游移动端的发展速度近年来明显提升。凭借更加便捷、更加个性的用户体验,在线旅游的高速增长成为中国旅游市场长期繁荣的"助推器"。2013年10月《旅游法》发布以来,传统线下旅行社受到较大冲击,由于在线旅游拥有价格透明、产品多样化等优势,因此形成游客从线下到线上的转移趋势。展望未来,度假业务增长将成为行业核心看点。中商产业研究院发布的《2017—2022年中国在线旅游行业市场前景及投资机会研究报告》显示,2012—2016年中国在线旅游市场交易规模增速保持在30%以上,其中2016年全国在线旅游市场交易规模达到7 394.2亿元,同比增长56%,增速达到最高值。数据显示,2017年第三季度中国在线旅游市场交易规模达到2 025亿元,同比增长23.7%。2017年中国在线旅游市场规模达到9 701亿元。2018年全国在线旅游市场交易规模近12 000亿元。前瞻产业研究院发布的《中国在线旅游行业市场前景预测与投资分析报告》显示,到2020年,中国在线旅游市场的交易规模将突破1万亿元人民币关口,同时市场渗透率将达到15.2%。

当然我国旅游行业也存在一些问题,如旅游业规模化、产业化层次较低,居民旅游需求与相关产品有效供给不足的矛盾长期存在;旅游市场秩序混乱问题依然突出;旅游业标准化和规范化水平较低;政府政策规划不到位;基础设施建设缺乏科学性;监管机制不健全,等等。

**2. 中国邮轮产业发展现状**

中国邮轮产业经过2006—2017年的高速发展,逐步由高速增长向平稳发展转变。十余年间,长期在华运营的邮轮艘次从1艘增加至18艘,市场投放的邮轮运力从900客位增加至4万客位,国内处于运营中的国际邮轮港从零发展到15个,还有6～10个正处于建设或规划中。2017年开始,中国邮轮客源规模跃升为全球第二,展现了中国邮轮旅游客源市场巨大的发展潜力。

据中国交通运输协会邮轮游艇分会统计,2017年中国邮轮港口接待邮轮1 181艘次,同比增长16.93%;全年接待游客496万人次,同比增长17.98%。发展速度相比之前年均40%～50%的增长首次出现放缓,上海邮轮旅游市场份额有所下降,华南邮轮旅游市场渐次崛起,以广州、深圳为代表的华南市场份额增幅加大,未来邮轮旅游前景巨大。2017年中国邮轮市场接待总量略有增长,与前十年的增速相比明显减缓。以中国游客为主的邮轮旅游出入境需求有所增加,以境外游客为主的邮轮旅游需求较少,且呈现下降趋势,达到2006年以来的最低值。2018—2019年全球邮轮旅游继续保持增长,2018年各邮轮公司在中国投放17艘邮轮,2017—2019年中国邮轮港口接靠邮轮和游客数增幅放慢,甚至下降,进入调整期(见图1-4)。

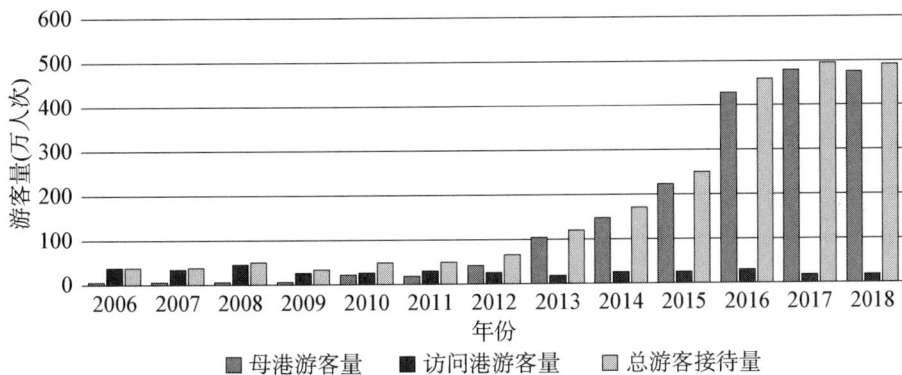

图 1-4 2006—2018 中国(大陆)邮轮游客接待情况

资料来源:中国交通运输协会邮轮游艇分会、亚洲邮轮学院。

### 3. 中国本土邮轮公司及邮轮船队

中国已经成为全球第二大邮轮客源市场,但目前我国邮轮旅游的发展模式是通过外国籍邮轮将中国游客带到国外进行出境旅游消费,邮轮票务收入、邮轮上的消费以及邮轮旅游目的地的购物消费等方面的经济收益大部分流向国外。我国的靠泊费收入、旅行社包船差价收入等产值处于较低的水平。2018年中国市场母港邮轮为16艘,2019年为14艘,绝大部分是外资邮轮品牌。中资企业参与运营的邮轮较少,船队规模较小。内地首艘豪华邮轮"海娜号"2015年11月停止运营,已经形成一定竞争优势的天海邮轮在2018年9月全面退出市场,目前中资邮轮中仅有"中华泰山号"在实际运营[①]。专门从事西沙航线运营的"南海之梦号"和"长乐公主号"只载中国游客(港澳台地区除外),系客滚船改装,吨位小,设施不理想,很难盈利。总之,单体邮轮的运营成本较高,难以实现规模经济效应。

从2018年开始,中国本土邮轮船队开启了新时代,有了更多实力雄厚的国家队,中船是与全球最大的邮轮运营企业嘉年华集团合资成立,这显然比委托外籍邮轮团队运营更有优势。2018年3月,中船集团与嘉年华集团在香港合资成立中船嘉年华邮轮公司,注册资本5.5亿美元,中船集团占股比60%,向嘉年华集团购买两艘现有邮轮,首艘新购进邮轮"大西洋号"于2019年年底前交付。另一艘为"大西洋号"的姐妹船"地中海号",其交付日期有待宣布。到2029年,中

---

[①] "钻石辉煌号"作为本土邮轮也因欠薪被扣,正在上海海事法院拍卖。

船嘉年华邮轮有限公司旗下计划拥有 8～10 艘大型邮轮,将成为中国最大的国际化运营的中资邮轮公司。表 1-5 列示了我国第一艘国产邮轮建造的基本参数。

表 1-5　我国第一艘国产邮轮建造的基本参数

| 项　目 | 参数 | 项　目 | 参数 |
|---|---|---|---|
| 吨位(万吨) | 13.35 | 客房数(间) | 1977 |
| 长度(米) | 323.6 | 最大乘客人数(人) | 4980 |
| 宽度(米) | 37.2 | 总床位数(个) | 3921 |
| 设计吃水(米) | 8.25 | 船员人数(人) | 1500 |
| 最高航速(节) | 22.8 | 船员房间(间) | 773 |

资料来源:汪泓,等.中国邮轮产业发展报告(2018)[M].北京:社会科学文献出版社,2018.

另外,中国旅游集团与中远海运集团合资成立星旅邮轮国际有限公司,总部设在香港,并在厦门设立运营中心。2019 年从 P&O 英国邮轮公司购置一艘二手邮轮"奥利安娜号",更名为"鼓浪屿号"。该邮轮建造于 1995 年,6.9 万总吨位,于 2019 年 8 月在欧洲正式接手,开始在中国沿海进行商业运营。未来该邮轮计划运营从中国各大母港(包括上海、厦门、广州、青岛、海口等)出发到日本、越南、菲律宾、马来西亚、泰国、新加坡、文莱、印尼等国家和地区的邮轮航线。未来随着招商局集团全面布局邮轮全产业链,中国交通建设集团推动邮轮产业发展,中国将拥有实力更强、更具市场竞争力的本土邮轮船队,参与全球邮轮市场合作与竞争,也将更好地推动中国民族邮轮品牌的发展。

4. 中国长江河轮旅游市场

长江河轮旅游市场依托长江经济带涉及的上海、江苏、浙江、安徽、江西、湖北、重庆、四川等地,发挥国际黄金旅游带资源优势,通过不断建造新船、提升服务,吸引了众多国内外游客,具有一定的国际市场占有率。在政府引导和市场主导合力推动下,长江旅游客运运力结构优化,安全管理能力增强,邮轮服务水平明显提升(见表 1-6)。2017 年,长江干线客运完成游客接待量 750 万人次,其中省际游客约 70 万人次;2018 年增长的势头更加迅猛,总数超过 810 万人次,省际游客超过 80 万人次。长江游轮旅游市场现有运力全年可接待游客 120 余万人次,其中豪华游轮游客实际接待量为 64 万人次,全年销售收入约 10 亿元;大众游轮游客实际接待量为 25 万人次,全年销售收入约 2 亿元。长江经济带综合立体交通走廊的不断完善,为长江水上旅游消费提供了新的增长空间,在市场旅游客源增长的同时,旅游品质和船票价格也保持了稳中有升,行业整体经济效益实现良性增长。据长江航运发展研究中心预测，2025 年、2035 年长江水上游客将分别达到 1 100 万人次、1 500 万人次。长江河轮市场运营的主流河轮分为三类：豪华邮轮（涉外邮轮）、大众游轮（国内游轮）、两坝一峡游轮。

表1-6　长江游轮公司涉外游轮运力统计

| | 游轮数量（艘） | 人数（人） |
|---|---|---|
| 长江黄金游轮 | 7 | 1 419 |
| 维多利亚游轮 | 7 | 862 |
| 新世纪游轮 | 7 | 1 055 |
| 长江海外游轮 | 5 | 577 |
| 总统系列邮轮 | 5 | 849 |
| 神女系列游轮 | 2 | 288 |
| 长江探索游轮 | 1 | 60 |

表1-7 为长江大众游轮运营公司的基本情况。

表1-7　长江大众游轮运营公司情况

| 游 轮 公 司 | 艘数（艘） |
|---|---|
| 重庆渝泊船务有限公司 | 5 |
| 巴东楚天船务公司 | 5 |
| 宜昌隆基旅运有限公司 | 3 |
| 湖北武汉扬子江游轮公司 | 2 |
| 宜昌江腾游轮有限公司 | 2 |

长江干线省际客船共有 113 艘、32 852 客位。其中，普通客船 53 艘、17 427 客位，高速客船 10 艘、1 352 客位，豪华（涉外）游船 50 艘、14 073 客位。豪华（涉外）游船中湖北 15 艘、0.38 万客位，重庆 24 艘、0.81 万客位，长江海外（直属于中外运长航集团）11 艘、0.21 万客位。

长江豪华型游轮基本上形成了东江维多利亚、重庆新世纪、国旅总统、长江海外、中国龙、东方皇家、皇家公主等系列品牌，经营豪华游轮的运输企业有 13 家（含湖北省企业），五星级标准豪华游轮 39 艘[①]。

———————————

[①] 资料来源：中国交通运输协会邮轮游艇分会《2017—2018 中国邮轮发展报告》。

5. 中国邮轮旅游营销市场

（1）代理旅行社。由于外商投资旅行社不得经营中国公民出境旅游业务，因此邮轮公司必须通过国内旅行社代理销售邮轮船票。代理旅行社销售和收益模式如图 1-5 所示。

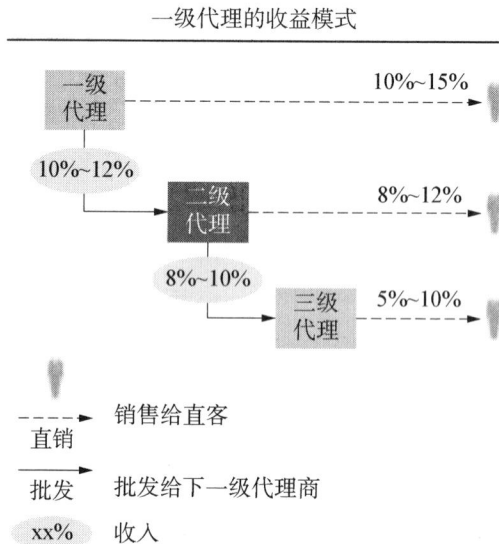

一级代理的收益模式

图 1-5　邮轮票务代理旅行社的收益模式

（2）包船销售业务。包船是旅行社与邮轮公司签订买断型包船协议，旅行社须按合同的约定全额支付包船费用，同时可自行制定销售价格。对于包船商来说，包船可让旅行社掌握足够的资源，同时享有定价权，但同时也使包船商面临销售压力，若临近发船仍未出售，包船商往往会选择低价出售。在包船模式下，邮轮产品价格若跳水，旅行社面临巨大的销售压力，而邮轮产品的价格体系也受此影响易被打破。在包船模式下，包船商掌握定价权和负责领队、岸上游等服务。然而在销售压力下，包船旅行社的重点并未放在服务方面，邮轮岸上游几乎都是清一色的免税店购物游为主。此外，对邮轮产品的销售人员培训不足，导致其专业性不够，不仅使游客的体验受到影响，市场开拓也不理想。

目前的中国邮轮市场仍旧以旅行社包船、半包船为主要营销方式。由于中国还未建立完整的邮轮营销体系及信息管理系统，所以通过包船的销售模式可以较快地打开中国旅游市场。但弊端也是非常明显的，由于渠道并没有得到很好的发展，邮轮的报价和库存体系依赖传统旅行社粗放式的沟通与管理，不断有旅行社因包船业务面临亏损。据不完全统计，2017 年有 30% 以上的包船旅行社不同程度地亏损或盈利微薄,没有达到在包船时所计划的盈利目标。随着邮轮公司进一步在中国加大邮轮的投入量,旅行社对包船业务越来越持谨慎的态度。

(3) 邮轮公司直销。1996 年,各大邮轮公司在中国的直销业务只占全部销售业务的 0.25%,然后从 1999 年的 3%、2002 年的 12%、2005 年的 15%,一直到 2018 年达到 20%。邮轮公司直销业务主要来自对直客市场的信息反馈。通过直销业务可以了解更多客人的真实需求以及对价格的敏感与反馈。2014 年,邮轮公司在中国市场开始大力发展直销业务,但由于邮轮公司包船业务的冲突以及没有经营出境游资质的限制,目前的直销业务还都处于十分初级的阶段,即邮轮公司可以卖船票,但不能提供代办签证、岸上游等服务。中国邮轮旅游在韩国萨德事件后都是单一去日本的航线,因为日本对邮轮游客简化入境手续,不需要另外办签证,只需入境时做登陆许可,这本是外国邮轮公司直销比例有所上升的真正原因。邮轮公司也在对邮轮会员进行更系统化的细分,希望为会员的个性化需求提供更好的船上服务,同时也希望对会员进行直销业务的拓展。

(4) 线上销售。比达咨询的数据显示,OTA(online travel agency)平台、垂直平台、旅行社网站及邮轮公司官网是当前中国在线邮轮市场的主要业态,以收入规模计,OTA 平台以 72.2% 的比例占据绝对主导地位,其次是平台类网站,占比 14.7%。其中,同程旅游以 42.5% 的份额位居第一,携程和去哪儿加在一起以 34.4% 的份额位居第二,途牛以 13.6% 的份额位居第三,三者的市场份额合并超过 90%。同程邮轮在国内在线邮轮市场的领先优势获得了业界的一致认可。2018 年 11 月,在第十三届中国邮轮产业发展大会上,同程邮轮荣获 2018 中国邮轮"最佳邮轮销售业绩"年度大奖。在 2015 年、2016 年、2017 年的中国邮轮产业发展大会上,同程邮轮还曾分别获得了"最高市场占有率""最高市场份额奖"和"最佳邮轮销售业绩奖"。同程在线销售市场占比高的原因是,自进入邮轮市场以来,同程邮轮一直是业内产品创新、服务创新的引领者,服务体验和用户满意度处于较高水平。近年来,同程邮轮坚持多母港布局,服务覆盖全国 100 多座城市,并在主题邮轮创新方面走在行业前列,为国内邮轮文化的普及做出了贡献。截至 2018 年年底,同程邮轮已经形成了"海上梨园""不一样的儿童节""小小海航家""量全其美"等主题航次,并初步打造了一批主题邮轮品牌。2018 年,同程邮轮继续发力极地邮轮、长航线邮轮等高端市场,并在极地邮轮领域稳居 OTA 领先地位,目前已加入国际南极旅游组织协会。随着内河邮轮市场的稳步增长,2018 年同程邮轮加大了国内外内河邮轮产品的布局,首艘长江邮轮整包船圆满起航。在运营效率持续提升和业务规模稳步增长的同时,同程邮轮与皇家加勒比、星梦、诺唯真、地中海、歌诗达、公主、海达路德邮轮等国内国际知名邮轮公司在邮轮服务创新方面保持了良好的合作关系。邮轮 OTA 的扩张,掀起了邮轮旅游的激烈争夺战。相比单个旅行社的线下门店销售,邮轮 OTA 模式的优势在于产品信息全面、价格公开透明、自由度大、选择丰富。随着旅游行为逐渐转向网络消费,网络预订邮轮产品将成为主流的预订方式。预计到 2020 年,中国在线邮轮预订市场将会有 10 倍增长,达到 100 万人次以上。

6. 中国邮轮人才培养

(1)邮轮人才需求旺盛。邮轮产业的快速发展需要强大的人力资源作为保障。从广义上讲,邮轮人才包括邮轮码头接待、邮轮旅游服务、邮轮市场营销、邮轮设计建造、邮轮经营管理以及邮轮教育培训等方面的专业人才。在邮轮产业链上游,需要邮轮设计与制造人才。向邮轮产业链中游发展,需要邮轮运营、管理和服务人才,进行邮轮线路设计、邮轮产品开发、邮轮市场营销、邮轮活动组织以及邮轮游客服务。在邮轮产业链下游,邮轮母港建设加速,邮轮港口管理人才不足,十多个沿海港口城市规划建设邮轮码头和母港,需要具有专门行业知识和管理经验的人员进行管理和维护。邮轮产业属于劳动密集型产业,能够提供数量庞大的就业岗位。2018 年,全球运营的邮轮数量达 400 多艘,最大的邮轮可搭载游客 6 000 多人。按照国际惯例,每艘邮轮上需要配备少则几百、多则 3 000 人的工作人员,再加上数量庞大的邮轮公司岸上运营团队以及邮轮产业链上的销售代理、码头接待、经营管理等人才,客观上形成了对国际邮轮人才持续、旺盛的需求。

随着我国邮轮产业的快速发展和国际邮轮公司的大量进驻,高素质的国际邮轮专业人才匮乏问题也逐步显现,主要体现在两个方面。一是邮轮人才的需求数量。国际邮轮公司倾向于在世界各地招募人才,在邮轮产业战略东移的过程中,邮轮公司在亚太地区招募的雇员数量也大幅增加,用以满足该地区邮轮乘客的需要。而如雨后春笋般涌现的本土邮轮企业也亟须打造高素质的邮轮人才队伍。二是邮轮人才的需求质量。邮轮行业是典型的国际化行业,一方面,邮轮行业自身的特点决定了邮轮企业竞争与合作的国际化;另一方面,邮轮航线布局的国际化也带来了邮轮就业岗位的国际化。因此,邮轮人才必须是能够参与国际竞争,并且得到国际行业广泛认可的国际化人才,这就给邮轮专业人才的培养提出了更高的要求。目前,国内邮轮人才的培养速度仍然远远落后于邮轮港口硬件建设速度以及各大邮轮公司运营邮轮航次的增长速度,这既是邮轮人才培养面临的机遇,又是需要应对的严峻挑战。

(2)邮轮人才培养现状:

① 邮轮人才培养初具规模。面对供不应求的中国邮轮人才市场,国内教育

界加大了对邮轮人才培养的关注。2011年,中国交通运输协会邮轮游艇分会支持天津海运职业学院发起成立"中国高等院校邮轮人才培养联盟"。目前,国内已有70余所院校开设邮轮相关专业,在邮轮人才培养中起到了至关重要的作用。

② 形成多层次教育体系。开展多层次、全方位的邮轮教育,形成以研究生和本科教育为龙头,高职教育为主体,岗位培训为延伸,学历教育与岗位培训相结合的邮轮教育体系。2009年,上海设立上海国际邮轮经济研究中心和上海国际邮轮人才培养基地,意在加强与世界各大邮轮公司的产学研合作,研究邮轮经济战略、经营管理,为中国的邮轮产业发展培养邮轮专业人才。2012年,上海工程技术大学开展邮轮本科教育的人才培养模式。2012年,上海海事大学设立亚洲邮轮学院;2015年,邀请中国交通运输协会邮轮游艇分会作为共同发起人,成立了亚洲邮轮学院理事会。山东、天津、广东等地也都设立了相关的邮轮人才培训机构。

③ 校企合作深度开展。2013年,在天津市政府的大力支持和中国交通运输协会邮轮游艇分会的积极促进下,天津海运职业学院与美国皇家加勒比国际游轮有限公司签署战略合作协议,建设国内顶级的国际邮轮人才培训中心,中国高等院校邮轮人才培养联盟成为定向培养邮轮人才的重要渠道。接轨国际市场的素质要求,谋求人才培养质量的提高,搭建人才平台,规范输出渠道,是作为邮轮人才最主要培养基地的国内各大中专院校和人才服务机构面临新形势做出适应和调整的关键所在。

### (二) 中国邮轮经济发展趋势

#### 1. 客源市场和邮轮运力短期下降和调整

2017年中国邮轮旅游市场维持快速增长态势,2018年进入调整期,客源市场和邮轮运力部署都有下降。歌诗达、皇家加勒比和诺唯真等国际豪华邮轮公司纷纷缩减了在中国市场的运力投放,各大邮轮母港到港邮轮访问量有所下滑。在线邮轮扩张速度也显著放缓,增幅首次低于全球市场。其中,邮轮航线结构单一、邮轮旅游产品缺乏创新是制约中国邮轮旅游市场发展的主要原因。

#### 2. 邮轮旅游港口城市兴起

近年来我国沿海许多城市已经认识到,建设邮轮码头及邮轮配套服务体系,将大大促进当地旅游业、服务业和物流业的发展,进而刺激港口城市及其周边地区的经济增长,带动邮轮上下游产业链的发展。越来越多的港口城市重视发展邮轮经济。根据2015年《全国沿海邮轮港口布局规划方案》,2030年前,全国沿海形成以2～3个邮轮母港为引领,始发港为主体,访问港为补充的港口布局。

在始发港布局中,提出辽宁沿海重点发展大连港;津冀沿海以天津港为始发港;山东沿海以青岛港和烟台港为始发港;长江三角洲以上海港为始发港,相应发展宁波—舟山港;东南沿海以厦门港为始发港;珠江三角洲重点发展深圳港,相应发展广州港;西南沿海以三亚港为始发港,相应发展海口港和北海港。我国目前正在使用的邮轮港口共 15 家,其中邮轮专用码头 8 家,分别是上海吴淞口国际邮轮港、上海港国际客运中心、天津国际邮轮母港、青岛邮轮母港、深圳招商蛇口国际邮轮母港、三亚凤凰岛国际邮轮港、舟山群岛国际邮轮港和厦门国际邮轮中心,进而有由货运码头改造的大连港国际邮轮中心、广州港国际邮轮母港、烟台港、秀英港、温州国际邮轮港、防城港港、北海港 7 家港口,未来还要继续规划建设大连国际邮轮母港、广州南沙邮轮母港、北海国际邮轮港、海口南海明珠国际邮轮港、厦门国际邮轮母港等多家新型专业邮轮港口,宁波、秦皇岛计划兴建国际邮轮港,并且大多以母港为发展定位。

3. 邮轮旅游合作是 21 世纪海上丝绸之路建设的重要内容

经国务院授权,国家发改委、外交部、商务部 2015 年联合发布的《推动共建丝绸之路经济带和 21 世纪海上丝绸之路的愿景与行动》中明确提出要"加大海南国际旅游岛开发开放力度"。地处海上丝绸之路核心位置的海南,未来将大力发展以邮轮为核心的海洋旅游,吸引更多邮轮公司开通海南航线,策划海上丝路邮轮旅游航线,开发更多邮轮旅游产品,努力推动环海南岛邮轮旅游和中国—东盟邮轮旅游产品建设。福建、广西都将目光瞄准邮轮旅游。厦门将大力发展邮轮旅游,打造"海丝"精品旅游线路,深度开发包括邮轮旅游在内的"一程多站"旅游产品。北海将大力发展邮轮旅游,加快邮轮母港建设,开辟国际邮轮航线,进一步优化升级北海至越南下龙湾航线,并逐步延伸至马来西亚、新加坡、文莱、菲律宾、泰国和斯里兰卡等东南亚国家沿海城市及海上丝绸之路沿线其他国家相关城市,使 21 世纪海上丝绸之路北部湾段、东盟段海上游航线成为北部湾—东盟旅游圈的新兴海上旅游产业代表。

4. 国家层面支持邮轮建造业

豪华邮轮被誉为造船工业"皇冠上最耀眼的明珠",是我国目前尚未完全攻克的高技术船舶产品。它是现代工业与文化艺术的结晶,融合了高端制造业和高端服务业,是高度集成化、系统化、信息化的"海上移动度假村"。成功承接、建造并交付首艘国产邮轮,不仅有利于缓解国际、国内邮轮市场的供求矛盾,拉动邮轮相关产业链的发展,更有利于我国快速突破邮轮设计和建造技术,提升船舶工业技术和管理水平,推动我国造船业迈入"新蓝海",实现"强船梦"。

为了引导和支持我国邮轮产业健康、持续发展,近年来国家先后出台了一系列政策,为我国船舶工业进入邮轮设计及建造领域指明了方向,提出了要求。《关于进一步促进旅游投资和消费的若干意见》明确提出,要建立国内大型邮轮研发、设计、建造和自主配套体系,鼓励有条件的国内船企研发制造大中型邮轮。2015 年 9 月 28 日,由工业和信息化部、国家发改委等六部委联合发布的《关于促进旅游装备制造业发展的实施意见》也提出,要加快实现邮轮自主设计和建造,推动国内有实力的造船企业与国外邮轮设计、建造企业开展技术和商务合作,尽快实现中国首艘邮轮自主设计和建造的突破。

5. 邮轮产业链向现代服务业延伸

目前中国邮轮旅游业产业化格局远未形成,其原因在于邮轮旅游业发展相关的制度法规、人才培养和产业服务体系以及文化意识培育等均很不系统。现阶段只是简单的港口接待和旅游接待,尚未形成体系化的产业全貌,导致邮轮业务的发展对港口城市带来的综合影响很小,行业应有的放大效益没有使本土经济大范围的受益。通过制造业向服务业不断延伸,才能像欧美市场一样逐步实现邮轮产业化。目前,微信、支付宝等相关信息、金融服务商已开始和各大邮轮公司合作。邮轮维修保养、邮轮船供服务、邮轮教育咨询服务、邮轮需要的会计、法律、广告、商业等服务已在逐步发展中。

6. 邮轮消费市场体现出更多的中国元素

中国邮轮市场有着其特殊的消费动机与逻辑。中国出发的母港邮轮航线以 4～6 天的航线长度为主打,同时逐步延伸为 7～8 天、10～15 天。这客观上决定了最适合的到达范围局限在日韩地区。此外,境外免税购物消费火爆、家庭群体出游占比较高。船上中餐需求、中式娱乐休闲等也是中国邮轮消费市场所特有的,因此,各邮轮公司纷纷推出相关设施和服务来满足中国邮轮游客的需求。

# 第三节　国内外著名邮轮港口发展现状

## 一、国外邮轮港口发展现状

### (一) 迈阿密

迈阿密是美国佛罗里达州东南部著名的滨海旅游城市,处于比斯开湾内,通过桥梁与迈阿密市中心相连,岛屿总长 3.8 千米,最窄处宽 640 米,最宽处宽 10.5 千米,是美国第四大城市圈的核心城市。

迈阿密邮轮旅游产业始于 20 世纪 60 年代末。1980 年,迈阿密政府投资 2.5 亿美元在鲁马斯岛修建了邮轮码头;20 世纪 90 年代中期,又将鲁马斯岛与道奇岛合并为一个岛;1999 年 11 月,随着两座邮轮客运枢纽站竣工投产,迈阿密国际邮轮码头正式投入使用。发展至今迈阿密已拥有 12 个超级邮轮码头,可同时停泊 20 艘邮轮。美国迈阿密道奇岛邮轮港是全球规模最大的邮轮母港,与同在佛罗里达州的代尔堡。卡纳维拉尔港形成了加勒比海的邮轮港群。每年到迈阿密乘坐邮轮旅游的人数占全球邮轮游客总数的 1/7,每年迈阿密的邮轮业可以带来高达 120 亿美元的产值。

迈阿密的邮轮码头拥有世界上最先进的管理设施系统,能够同时为 8400 名游客的出行提供服务。拥有众多相关设施,如舒适的休息大厅、多个商务会议大厅、全封闭并加装中央空调的游客上船通道,以及完善的订票系统、安全系统、登轮查验系统和行李管理操作系统等。拥有能够容纳 733 辆汽车的车库,先进的信息化服务能够高效率指挥码头内部的交通,为游客出行提供近乎完美的服务。此外,迈阿密邮轮母港处处体现顾客至上的服务理念。一是服务内容无微不至,如私人汽车看管、汽车出租、搬运车预约、公共汽车查询、自动银行和问询处等均有提供。二是服务力求便捷。邮轮游客只需买票、验票、候船、登船,行李则由码头的行李处理设备送到各自的座位。行李处理系统也会在邮轮游客回到目的港以后将其行李送到指定的位置,甚至可以直接传到飞机或酒店。三是服务形式多种多样。迈阿密邮轮母港拥有天然的海边浴场,舒适宜人。

### (二) 纽约

纽约邮轮母港有 2 个码头——曼哈顿邮轮码头和布鲁克林邮轮码头。其中,曼哈顿港有 88 号、90 号、92 号三个邮轮泊位,布鲁克林港的 12 号码头为邮轮泊位。曼哈顿是全美第三大繁忙的邮轮大港,服务嘉年华邮轮公司、挪威邮轮公司、公主邮轮公司、荷美邮轮公司等 9 家世界著名的邮轮公司。2004 年纽约市投入 2 亿美元进行改造,增加了可调节的过道、裙楼以及隔离区域等一系列高效率的现代化设施,力争成为世界一流的客运码头。

按照总体规划,到 2035 年纽约邮轮母港将有 6 个泊位一起投入使用,规划期限为 30 年。2010—2020 年,游客量可望以平均 2.8% 的速度增长到 150 万人次。

纽约邮轮母港位于纽约市中心,周围聚集了哈德逊滨江公园、中央公园、南街海港博物馆、剧院、购物中心、餐馆以及夜生活场所等。其中,曼哈顿邮轮码头位于曼哈顿西 47、53 街区,码头附近有方便的旅游设施和信息服务中心。2006 年正式运营的布鲁克林邮轮码头交通便利、接待设施齐全,从码头附近的滨水公园开始,就是纽约港湾和自由女神像等旅游景点,背后有两条繁华的旅游街,是游客购物、休闲和餐饮的理想去处。

### (三) 巴塞罗那

巴塞罗那港被称为"欧洲邮轮之都",分别由三家不同的公司经营。巴塞罗那港所处地理位置和自然条件较好,设施便利且实用。巴塞罗那拥有 8 个邮轮码头,可以停靠 9 艘邮轮。巴塞罗那港 D 号码头的建造费用为 1 200 万欧元,于 2007 年 5 月启用,由歌诗达公司设计、兴建并提供资金及管理,特许经营权为期 25 年。歌诗达是欧洲首家推行直接管理邮轮码头政策的公司。歌诗达邮轮及嘉年华其他成员均享有停泊优先权。2015 年嘉年华集团又投资 4 600 万欧元建造了第二个专属码头。2012 年巴塞罗那港接待邮轮旅客约 240 万人次,2013 年接待邮轮旅客约 260 万人次,2018 年接待邮轮旅客 300 万人次,同比增长了 12%,母港邮轮旅客增长了 16%。2018 年靠泊邮轮 830 艘次,接待邮轮旅客 320 万人次。据巴塞罗那当地统计,邮轮经济贡献年均 9 亿美元,对整个加泰罗尼亚地区的 GDP 贡献为 4.67 亿美元[①]。

### (四) 新加坡

新加坡邮轮港的设计和规划注重港城联动,充分考虑其科学性、未来发展预见性和舒适性。新加坡邮轮中心和滨海湾邮轮中心两个邮轮码头均位于水域环境优良的深水港区,其中新加坡邮轮中心前沿水深 12 米,滨海湾邮轮中心前沿水深 11.5 米,可供大型邮轮靠泊。同时,两个邮轮码头的选址均融入城市交通网络中,位于城市中心区域,与整个岛屿都有便捷的交通联系。例如,新加坡邮轮中心拥有便捷的火车、大巴和出租车系统;滨海湾邮轮中心地处南滨海湾,有两条轨道交通线路,并建有新加坡第一条海底隧道(滨海湾快速公路),形成了"公交＋轨道"的交通系统。在兴建滨海湾邮轮中心时,在现有区域商业及服务配套基础上,充分考虑了邮轮港口建设而形成的邮轮母港产业链发展空间需求,其选址位于新加坡滨海湾 CBD 中心,周围聚集了商业、服务、娱乐、休闲及办公商务区,形成以滨海湾为中心的邮轮综合商务中心。同时,临近物流港,便于邮轮船供业发展,并留有大片尚未开发的土地,便于邮轮母港产业链延伸发展。

除了科学的建设理念外,有效的运营模式也是推动新加坡邮轮产业快速发展的重要因素。在发展过程中,新加坡邮轮中心和滨海湾邮轮中心两个邮轮码

---

① https://www.cruisemapper.com/ports/barcelona-port-82.

头加强相互合作,避免恶性竞争,强调依据市场需求,错位发展,两者分别由独立的公司进行运营管理,在资本上并没有合作。在发展定位上滨海湾邮轮中心的主要目标市场是高端邮轮服务,而新加坡邮轮中心除发展国际邮轮航线之外,还兼顾轮渡航线。

## 二、中国邮轮港口发展现状及趋势

### (一) 中国邮轮港口发展现状

目前我国正在使用的国际邮轮港口共 15 个,其中邮轮专用码头有 8 个。上海吴淞口国际邮轮港、上海港国际客运中心、天津国际邮轮母港、青岛邮轮母港、深圳招商蛇口国际邮轮母港、三亚凤凰岛国际邮轮港、舟山群岛国际邮轮港和厦门国际邮轮中心为邮轮专用码头;大连港国际邮轮中心、广州港国际邮轮母港、烟台港、秀英港、温州国际邮轮港、防城港港、北海港等是通过货运码头改造而成的港口。2017 年 12 月,温州邮轮码头通过验收,可靠泊 5 万吨级兼靠 10 万吨级的邮轮,涉及旅客年吞吐量 22 万人次。"地中海抒情号"在温州开启首航。2018 年湛江国际邮轮综合体开工建设。

1. 上海

上海港已形成"一主两备"的国际邮轮组合港,分别为上海港国际客运中心和上海吴淞口国际邮轮港,同时外高桥六期多功能码头也增加了临时客运设施,为邮轮提供临时或应急靠泊服务。上海国际客运中心位于黄浦江西岸,靠近外滩,拥有 880 米黄金沿江岸线,水深 9～13 米,主要接待 7 万吨及以下的邮轮,可同时停靠 3 艘豪华邮轮,码头年通过能力达 100 万次。上海吴淞口国际邮轮港位于上海吴淞口长江岸线的炮台湾水域,即长江、黄浦江交汇入海处,也是长三角城市群的水上交通枢纽。由宝山区政府和上海长江轮船公司共同出资建造,总投资 12.6 亿元,港口面积超过 160 万平方米。主要停靠 7 万吨以上的超级巨轮。2015 年 6 月,吴淞口国际邮轮港开启二期项目建设,2017 年投入使用后,可同时停靠 4 艘大型邮轮,年接待量可以达到 400 万～500 万人次。港务大楼也从过去的 2.2 万平方米扩充到 6 万平方米。

2. 天津

天津地处渤海湾西端,位于海河下游及其入海口处,是环渤海中与华北、西北等内陆地区距离最短的港口,有首都北京的"海上门户"之称,也是亚欧大陆桥最短的东端起点。天津东疆邮轮港一期于 2010 年 6 月 26 日开港,面积为 70 万平方米,拥有 2 个大型国际邮轮泊位及配套客运大厦。二期主体部分于 2014 年年初竣工,位于一期码头东侧,新建泊位 2 个,码头岸线总长 442 米,可停靠22.35 万吨级邮轮。2010 年,天津国际邮轮港接待国际邮轮 25 艘次,接待进出境旅客 6.8 万人次。天津国际邮轮母港扩建的二期工程已全部完工,具备同时靠泊 4 艘豪华国际邮轮的能力。

### 3. 海南

海南有三亚凤凰岛和海口秀英港两个码头。目前,三亚凤凰岛国际邮轮港是可以接靠 8 万吨级邮轮的邮轮母港,年接待旅客 60 万人次,联检大厅可一次性接待旅客 3 000 人次。三亚凤凰岛国际邮轮港二期工程计划在凤凰岛西侧填海建造 49.96 万平方米人工岛,建设深水码头岸线 1 610 米,10 万吨泊位 1 个、15 万吨泊位 2 个和 22.5 万吨泊位 1 个,共 4 个邮轮码头。二期码头建成后,三亚凤凰岛国际邮轮港将能同时停靠 6 艘 3 万~25 万吨级的国际邮轮,建设规模和建设水平将使其成为亚洲最大最好的邮轮母港之一。2017 年,4 号泊位通过通航安检验收,可靠泊 15 万吨级国际豪华邮轮。三亚凤凰岛采取公私合营的方式经营码头,投资方处于连年亏损状态。2007 年开港以来,三亚停靠邮轮曾经是全国最多的,超过全国邮轮停靠总数的 50%。2014 年,三亚凤凰岛和海口秀英港共接待旅客 19.5 万人,邮轮进出 112 航次。但是由于周边邮轮新港口的建成运营,海南缺少能接靠 10 万吨级以上大邮轮的条件,且距离主要客源地太远,2018 年三亚凤凰岛国际邮轮码头仅接靠邮轮 20 艘次,出入境游客仅 2 万余人。海口秀英港接靠邮轮 54 艘次,出入境游客总计约 51 万人。

### 4. 厦门

厦门东渡国际邮轮中心于 2007 年建成 463 米长的可以停靠 14 万吨邮轮的码头。2007 年 10 月通航,由厦门和平旅游客运有限公司负责运营。厦门邮轮母港定位为"国际一流邮轮母港暨高端旅游目的地",实施"船、港、城"一体化开发策略。目前,厦门邮轮中心候船楼面积为 8.1 万平方米,新的邮轮母港城总开发面积将超过 70 万平方米,航站楼将兼顾邮轮、客货滚装、短途水上客运等多种功能。同时,现有邮轮岸线泊位将进一步扩容、升级。工程改建岸线总长度达1 418.76 米,包括建成 1 个 15 万吨级(0 号泊位)、2 个 8 万吨级邮轮泊位(1 号、2 号泊位)和 1 个 3 000 吨级滚装泊位(3 号泊位),可同时接待 3~4 艘中大型邮轮。部分岸线按照 20 万吨级水工结构设计,可以接待世界最大的 22.5 万总吨邮轮靠泊。2018 年厦门港靠泊的邮轮达到 69 艘次,邮轮旅客吞吐量达到 18 万人次。2019 年 4 月,厦门国际邮轮母港泊位改造工程正式完工,可接待 22 万吨级国际豪华邮轮。

5. 青岛

青岛国际邮轮母港地处青岛老城区,总建筑面积约 50 万平方米,投资约 50 亿元。青岛国际邮轮母港码头邮轮客运中心总投资约 7 亿元。青岛国际邮轮母港启动区共有三个邮轮专用泊位,可停靠目前世界上最大的 22.5 万吨级的"海洋绿洲号"邮轮。2015 年 6 月 1 日,青岛国际邮轮母港正式开港运营。邮轮母港国际客运中心总建筑面积 5.9 万平方米,建筑高度 23 米,长 338 米,宽 96 米,空间最大跨度 60 米,主体建筑为地上三层,设计最高通关能力可达到每小时 3 000～4 000 人次,规划年游客吞吐量可达到 150 万人次。开港至今,青岛邮轮母港已运营邮轮311 个航次,接待邮轮旅客突破 37 万人次,共运营航线 37 条。2018 年,全国邮轮市场进入调整期,总体运营下滑 30%。在此背景下,青岛全年接待邮轮 71 航次、游客 11 万人次,实现逆势上扬。2020 年 3 月 28 日,青岛国际邮轮母港区开工。

6. 深圳

深圳蛇口太子湾邮轮母港地处深圳市南山区南海大道最南处,2013 年底,深圳太子湾项目启动。该项目位于蛇口一突堤,是蛇口工业区充分利用现有的海域、岸线和土地资源条件,强化港口功能,建立水上客运中心,发展国际邮轮母港,提升深圳现代化国际化滨海城市形象,完善城市功能的重要项目。邮轮码头建设 2 个邮轮泊位,一个是 5 万吨泊位,按 12 万吨标准设计;一个是 22 万吨泊位,可停泊世界上最大的邮轮。太子湾邮轮母港为华南地区唯一的集海、陆、空、铁于一体的现代化国际邮轮母港,努力打造客运枢纽、历史文化博览、文化艺术表演、会议展览、宾馆、酒店配套、商务办公、商务公寓、餐饮、商业、娱乐配套以及欢乐岛海上活动、庆典等为一体的现代化海滨休闲、游览及商务活动的综合国际社区。2016 年 11 月 12 日,深圳蛇口太子湾邮轮母港开港,2017 年全年接待邮轮 108 艘次,接待出入境邮轮游客 18.85 万人次,其中母港邮轮 108 艘次,在中国所有国际邮轮港口中位居第四位。2018 年太子湾邮轮母港邮轮靠泊次数达89 次,旅客量达 36.5 万人次。未来,深圳太子湾邮轮母港不仅是连通香港、澳门、珠海等地的港口,也是让深圳及周边地区走向世界的重要"海上窗口",助力粤港澳大湾区成为世界级旅游目的地。

7. 广州

南沙邮轮旅游自 2016 年起步,仅用一年时间就跃居全国第三,增长速度居全国第一。2016—2018 年,南沙运营出入境邮轮 320 航次,接待出入境旅客121.07 万人次,连续三年保持全国第三的位置,站稳中国邮轮产业"第一梯队"。目前南沙邮轮码头开通了出发往日本、越南、菲律宾等地航线 9 条,邮轮目的地共 12 个,包括中国香港 1 个、日本 4 个(那霸、冲绳、宫古岛、八重山群岛)、越南

4个(胡志明市、芽庄、岘港、下龙湾)、菲律宾 3 个(马尼拉、长滩岛、苏比克湾),邮轮航线目的地数量在全国排名前列,是中国邮轮港口中开设东南亚航线最多的。2019 年正式启用的南沙国际邮轮母港将成为全国规模最大的邮轮母港综合体之一,可停靠目前在建的全球最大豪华邮轮。南沙国际邮轮母港有多个亮点值得关注:一是与公交、地铁、港澳水上客运等交通方式紧密结合,为旅客集散提供多重便利。邮轮母港航站楼与地铁四号线南沙客运港站通过地下通道相连,是中国首个与地铁无缝接驳的邮轮母港。二是口岸查验通道数量位居中国第一,配合各种智能化、高科技的查验设备,可有效提高通关效率。三是成为中国首家采用国际知名品牌岸电系统的邮轮母港,为创建绿色港口提供有力的硬件支持。四是航站楼三层及以上设置开放式平台,为公众提供休闲、观光的空间和娱乐、餐饮等服务。

### (二)中国邮轮港口发展趋势

未来,中国将规划形成以国际著名滨海城市为中心,有效规模客源输出腹地为支撑,数量充足的周边海岛和近邻国家港口目的地为航线产品拓展空间的五大邮轮旅游港口群(环渤海湾邮轮旅游港口群、长三角邮轮旅游港口群、海峡两岸邮轮旅游港口群、珠三角邮轮旅游港口群、南海邮轮旅游港口群)和中国沿海邮轮旅游海岸带(见表 1-8),共同构成中国邮轮旅游港口"五群一带"的总体分布格局。以上海、天津和广州等邮轮母港所在城市形成渤海湾、长三角、南部三个邮轮旅游经济圈。

表 1-8　"五群一带"的总体分布格局

| 布局 | 分区 | 中心 | 支撑 | 航线产品拓展空间 |
|---|---|---|---|---|
| 五群 | 环渤海湾邮轮旅游港口群 | 天津 | 北京、天津、东三省、内蒙古、河北、河南、山东等腹地 | 韩国、日本、符拉迪沃斯托克 |
| | 长三角邮轮旅游港口群 | 上海 | 上海、江苏、浙江、安徽、江西、湖北、河南等腹地 | 韩国、日本、符拉迪沃斯托克、中国台湾 |
| | 海峡两岸邮轮旅游港口群 | 厦门 | 福建、江西、广东、广西、四川、浙江等腹地 | 日本、中国台湾和香港 |
| | 珠三角邮轮旅游港口群 | 香港(深圳、广州) | 广东、福建、江西、湖南、广西、海南、四川、贵州、云南等腹地 | 日本、中国台湾、越南、菲律宾 |
| | 南海邮轮旅游港口群 | 三亚 | 海南、广西、四川、贵州、云南等腹地 | 中国台湾和香港、越南、菲律宾 |
| 一带 | 中国沿海邮轮经济带 | 大连、天津、青岛、上海、厦门、广州、北海、三亚 | 华东、华中、华南、华北和西南地区等腹地 | 沿海海岸带 |

资料来源:中国交通运输协会《2018—2019 中国邮轮发展报告》。

# 第二章 邮轮货物贸易及供应链体系

邮轮在海上航行的过程中，需要提供大量的食物、水和酒店用品等物资来满足游客和船员在航行期间的各类需要，还有很多物品的供给是维持船舶正常运营所必需的。可以说，邮轮物资的补给对邮轮公司来说至关重要。给邮轮这座海上移动城市做及时有效的供应需要非常高效的供应链管理。邮轮是国际航行船舶，多为悬挂外国旗帜的拟制外国延伸领土，因而邮轮的供应其实也是货物贸易的独特方式。与普通海运贸易相比，邮轮就是目的地和收货方，很多物品在航行途中就直接被消耗了，而货船是运输货物的工具，到了境外目的地还要经过很多环节才能到最终买家手上。国际邮轮公司采取全球采购、集中配送、当地适当补给生鲜的方式来供应邮轮上所需的各种物品。邮轮船供是邮轮母港的必备功能，发展邮轮船供对拉动内需、促进国际贸易有着重要的作用。邮轮的供应与普通货轮供应的流程、品类和要求完全不一样。邮轮大型化发展势头也很明显，比较大的"海洋绿洲号"是"泰坦尼克号"的 5 倍，在海上航行的 7 天中，包括船员和游客最多可达到 8 600 人，需要很多食品和酒店易耗品的供应。2016 年美国母港客源 1 150 万人次，邮轮船供市场规模近 140 亿美元（包括提供给邮轮的货物和服务）[①]，2018 年嘉年华邮轮集团仅仅在食品和饮料方面的全球采购额就高达 100.66 亿美元。

邮轮旅游作为新业态，现行的货轮管理方式已不适应邮轮产业的发展。政策不配套，立法空白或滞后，造成中国邮轮船供存在很多问题。中国作为全球第二大的邮轮游客输出国，本地邮轮船供所占的市场份额很少，与游客数量严重不成正比。日韩、新加坡等地的供应量要远远超过中国邮轮港的供应量。例如，国

---

① 国际邮轮协会《2017 年美国邮轮经济贡献研究报告》。

际邮轮公司采购的物品达 30 000 多种,但在中国本地的采购品种很少,而且是一些不得不在母港补给的附加值较低的生鲜蔬菜、水果等易腐品。

广义的邮轮供应既包括货物又包括服务,本章重点分析邮轮货物贸易及供应链体系的特点,提出邮轮监管制度创新、组建中国邮轮船供行业协会、制定邮轮船供行业标准、搭建邮轮船供服务平台等建议。

# 第一节 国际邮轮船供服务的概念

## 一、船供物资及海关监管模式

### (一) 船供服务的概念

广义而言,港口经营是指港口经营人在港口区域内为船舶、旅客和货物提供港口设施或者服务的活动。港口供应和船供服务包括为船舶提供岸电、燃料、生活用品、船员接送、垃圾接收、压舱水(含残油、污水收集)处理、围油栏供应服务等船舶港口服务。目前,在我国港口出发和停靠的国际邮轮的船供商品大多是在外国港口,如在日本、韩国和新加坡分拨与配送,我国邮轮港的供应量很小,还没有形成邮轮船供业的集聚。船舶供应作为船舶维持、营运所必备的辅助行为,是船舶服务行业中最基础的环节之一。无论从船舶建造到船舶交付开始营运,还是船舶运营期间的维修维护,船舶供应都伴随其中。

根据所供应船舶的运行航线的不同,船舶供应可以分为国内航行船舶供应和国际航行船舶供应。前者是船舶供应企业或个人,为在内河以及沿海航行的船舶提供供应服务;后者是船舶供应企业或个人,为在国际航线上航行的船舶提供供应服务。国际邮轮船供对应的就是国际航行船舶。通常来说,国际航行船舶供应主要包括:船上所需的食品和饮料等生活用品、船用零配件、船用油品、船用免税品等货物供应;承接航次修理、废油污水回收服务、船员登陆服务等服务。

### (二) 供邮轮物资海关监管模式

供邮轮的物资一般包括酒店易耗品、船用物料、船用燃油、船用免税品等。针对不同的物品,海关监管方式也不同。

1. *海关监管的货物、物品和物料*
从海关监管的角度,供船的货物、物品各有不同的概念。一般来说,销售用的是货物,个人自己用的如行李等属于物品,而船舶自用物品供应的专有名词是"船舶物料添加、起卸"[①],国外又统称为"marine stores"或"ship stores"[②]。与一般贸易监管方式下的进出口货物有很大区别[③]。《中华人民共和国进出境运输工具[④]监管办法》(海关总署196号令)第29条,列举了运输工具物料的品种:

(1)保障进出境运输工具行驶、航行的轻油、重油等燃料。

(2)供应进出境运输工具工作人员和旅客的日常生活用品、食品。

(3)保障进出境运输工具及所载货物运输安全的备件、垫舱物料和加固、苫盖用的绳索、篷布、苫网等。

(4)海关核准的其他物品。

海关总署在2017—2018年又出台56号、127号和172号令,对运输工具监管办法及数据申报做出了更详细的规定。

2. 国轮油物料定义及海关监管代码

国轮油物料指中国籍国际航行的运输工具在境内添加的保税仓库进口仓储的油料、物料。本监管方式代码为"1139",简称"国轮油物料"。监管方式适用于从保税仓库提取,供应航行国际航线的中国籍船舶、民用航空器等运输工具的进口燃料、物料及零配件等。本监管方式不适用从设在非海关特殊监管区域的保税仓库提取,供应航行国际航线的外国籍船舶、飞机等运输工具的进口燃料、物料,其监管方式为"保税仓库货物"(1233)。

## 二、船供企业资质要求和行政许可

为做好国际航行船舶港口供应工作,国务院办公厅分别于1992年和1995年印发了《关于做好外轮和远洋国轮港口供应工作的通知》(国办发〔1992〕2号)和《关于进一步做好国际航行船舶港口供应工作的补充通知》(国办发〔1995〕7号),对加强国际航行船舶港口供应市场监管,促进我国远洋运输事业发展发挥了重要作用。随着改革开放的不断深化和对外贸易的快速发展,国际航行船舶港口供应需求快速增长,原来的管理方式已难以适应形势发展的需要。为进一步完善国际航行船舶港口供应市场管理,促进港口服务业健康发展,国务院办

---

[①]《中国海关对进出境国际航行船舶及其所载货物、物品监管办法》(1991年海关总署24号令),《海关法》、《中国海关对进出境运输工具监管办法》。

[②] IMPA Marine Stores Guilde 4th Edition.

[③] 海关监管货物一般指一般贸易方式的进出口货物,物品监管如个人行李物品等。

[④] 这里的运输工具指空运和水运运输工具,包括飞机和船舶。

公厅于 2009 年下发《关于完善国际航行船舶港口供应市场管理工作的通知》（国办发〔2009〕57 号），放开国际航行船舶港口供应市场。要求交通运输部、商务部、海关总署等部门要根据各自职责，进一步完善有关监管制度和具体办法，制定相关服务标准，规范企业经营行为，保证服务质量，加强对国际航行船舶港口供应市场的管理。

### （一）港口经营许可

根据《港口法》《港口经营管理规定》，我国交通运输和港口管理部门根据各类港口经营行为，公布了船供企业需要具备的条件和审批的行政程序。符合资质条件的，由港口行政管理部门发放港口经营许可证。一般要求有：①固定的经营场所；②与经营范围、规模相适应的港口设施、设备；③与经营规模、范围相适应的专业技术人员、管理人员。

### （二）口岸食品经营许可

提供食品供应的企业，在取得工商营业执照前，还须申请相应的食品生产或流通许可证以及口岸食品生产经营卫生许可证。

### （三）船用油品供应企业应取得的行政许可

商务部对全国的成品油市场进行监督管理，省、自治区、直辖市及计划单列市人民政府商务主管部门对辖区内的成品油市场进行监督管理。商务部统一印制颁发成品油经营批准证书、成品油批发经营批准证书和成品油仓储经营批准证书，成品油零售经营批准证书由省级政府商务主管部门颁发。水上加油站（船）还需具备水域监管部门签署的加油船经营条件审核意见书。

按照国际通行惯例，我国为国际航行的船舶提供免税油品供应。保税油经营企业可直接从国际进口燃油，不占国内燃油进口配额，免征进口环节的关税、消费税和增值税。国际航行船舶保税油供应业务实施特许经营，目前国内具备国际航行船舶加油资格的企业仅有中国船舶燃料油有限公司、中石化中海船舶燃料供应有限公司、中石化长江燃料有限公司、中石化浙江舟山石油分公司、深圳光汇股份有限公司这五家企业。从事保税油经营不仅需要取得资质，而且还须在海事部门备案，接受监督检查。

2017 年 6 月 1 日起实施的《中国（浙江）自由贸易试验区国际航行船舶保税油经营管理暂行办法》，将区内国际航行船舶保税加油许可权下放至舟山市人民政府，同时也是第一次正式明确了保税油供应资格的申请条件。四家企业获得首批国际航行船舶保税油经营资质,分别为浙江省属大型能源企业浙江省能源集团有限公司下属舟山浙能石油化工有限公司、世界 500 强中国华信集团下属华信国际(舟山)石油有限公司、拥有 20 年保税油供应经验的中油泰富船舶燃料有限公司、舟山本土明星企业和润集团下属舟山港综合保税区能源化工有限公司。

### (四)船舶污染物接受单位的行政许可

船舶污染物接收单位进行船舶垃圾、残油、含油污水、含有毒有害物质污水接收作业,应当具有与其作业风险相适应的预防和清除污染的能力,并经海事管理机构批准。交通部于 2006 年 12 月 19 日发布了《船舶污染物接收和船舶清舱作业单位接收处理能力要求》,规定了从事污染物接受的企业应具备的具体条件。同时,这些接受单位还要遵循我国已经加入的国际公约,如《国际防止船舶造成污染公约》附则 Ⅴ 关于预防船舶垃圾污染于 2018 年 3 月 1 日生效,对船舶产生的垃圾做了 11 种分类。2017《国际防止船舶造成污染公约》附则 Ⅴ 实施导则规定,特殊物品如船上医疗品、过期烟火和烟熏残余等需要在船上单独存放。

### (五)免税商品供应企业应取得的行政许可

为国际航行船舶提供免税商品供应服务,是以供船免税商店的方式来实现的。通过免税店形式为外国游客和过境者提供免税产品,已经成为一种国际惯例。经国务院批准,中国免税品(集团)有限责任公司于 1984 年正式成立,成为唯一经国务院授权,在全国范围内开展免税业务的国有专营公司,按照国家赋予的"四统一"管理政策(统一经营、统一进货、统一制定零售价格、统一制定管理规定),对全国免税行业实施统一管理。免税品只能是国家指定的企业专营,其他非系统内的公司不具有免税品经营资格。

## 第二节　邮轮船供与普通船供物品的区别

### 一、邮轮供给的特点和需求

由于邮轮是"船舶＋酒店"的概念,所以邮轮船供包括普通船舶的供给以及五星级酒店的供给。随着中国出境邮轮游客的增多,邮轮供给体现了更多的中国元素,如符合中国人口味的餐料、麻将桌、卡拉 OK 设施等也在邮轮船供的范围内。作为传统运输工具的船舶其用品主要是三大类：船用设备及配件，船员生活用品，船用燃油、润滑油、电、水等，涉及的物品有几万种。国际邮轮既是七星级宾馆又是七星级船舶，并且邮轮船籍和所有权都属于国外，是移动的国外领土。与普通货轮相比，邮轮在母港所需补给的物资种类更多、更高端。

## 二、邮轮供给和货轮供给的区别

与普通货轮的物料供应不同，邮轮上的食品和易耗品需求量很大（见表 2-1）。一艘 14 万吨级以上邮轮连工作人员一起载客量在 5 000 人左右，是名副其实的海上移动度假村。邮轮上有各种娱乐休闲设施、影剧院、图书馆、餐厅、免税店等。最大的 25 万吨级邮轮甚至有 F1 赛车场和纽约中央公园。由于巨型邮轮在海上航行至少 5 天，有的为十几天甚至几个月，因此邮轮物料的需求量大、品种多。以 9 万吨"伊丽莎白女王号"邮轮为例，香槟酒年消耗量为119 400 瓶，红葡萄酒年消耗量为 109 000 瓶。据中国交通运输协会邮轮游艇分会统计，中国母港邮轮易耗品规模全年约为牛肉 77 201 公斤、果汁饮品88 923 公斤、各类信封 275 400 个。

表 2-1　货轮船供与邮轮船供的区别

| 普通货运船舶（货轮） | 邮轮（客轮） |
| --- | --- |
| 船用备件（本地供应） | 中国以外的国家或地区进口转关备件（航行辅助/酒店日用品） |
| 船员食品 | 船员/旅客用食品（过境转关/本地供应） |
| 加油、加水 | 加油、加水 |
| 船用物料 | 物料供应（航行辅助/酒店日用品） |
| 船方自用免税烟酒 | 免税烟酒（进口转关/本地供应） |
| | 邮轮商店奢侈品（进口） |
| | 邮轮医院所需医疗仪器和药品（进口） |

根据国际邮轮协会的统计数据，广义的邮轮供给业与邮轮旅游业对区域的经济贡献几乎相当。2016 年全球邮轮产业供给高达 111.7 亿美元，邮轮旅游方面（包括船员和游客消费、邮轮在港口服务、运输等方面的支出）为 105.16 亿美元[①]。

---

① https://www.cruising.org/about-the-industry/research，最后访问时间为 2018 年 8 月 7 日。

# 第三节　全球邮轮供应链管理体系

## 一、邮轮船供的全球供应链管理

### （一）邮轮供应链的系统化

从 20 世纪 80 年代开始,持续的增长使邮轮业多次成为旅游业中增长速度最快的行业。根据国际邮轮协会的数据,1996—2015 年,邮轮业平均年增长率为 13.5%,与入驻率只有 59% 的北美酒店相比,邮轮的平均入住率为 95%。

邮轮供应链需有效协调才能高效运作。现代商业不仅是企业的竞争,更是供应链的竞争。邮轮供应链包括以下八个方面:客户关系管理;客户服务管理;采购需求管理;订单管理;生产流程管理;供应商关系管理;产品开发与推广;收益管理。这些过程跨功能,跨企业,其整合取决于经理的管理能力。豪华邮轮大型化对运营水平有很高要求,因此,需求预测必须非常精确。

市场需求和航线的变动,全球补给的再调整,会造成一系列连锁反应,造成物流成本增加。例如,在迈阿密的冬季港口仅仅滞期两天,会造成欧洲邮轮供给四周的滞期。结果是,在到达欧洲的前三周,物流中心和公司的供应商必须为同一艘船进行两次备货,在分拨中心意味着多花一倍的时间,多付一倍的工资。

### （二）邮轮供应链的高标准

以美国为例,虽然美国的国际邮轮公司在各港口城市有代理,也有不少当地雇员,但大部分供给都是从美国的物流中心发运,主要是为了根据美国公共健康标准进行统一的质量和食品安全控制。邮轮公司为确保邮轮的安全,采用严格和系统的食品安全管理方法,目的是为了满足游客对食品质量的要求。

在极少数的情况下,邮轮公司由于中转港货物迟延到达而必须空运货物到下一个港口。有时延误是由供应商和服务提供商造成的,所以邮轮公司与供应商的合同里都有一项迟延交货责任,包括误运、空运及物流成本。这些费用很高,但还是无法和缺货造成的损失相比。缺货在邮轮船供方面是零容忍。邮轮采购经理面临的一个挑战是短期窗口限制。货轮平均持续补给需要 3～14 天,而邮轮只有很短的补给时间,在港口停留一般只有 6～8 小时。因此,在装货当天及时有效、不间断的运营很重要。

## 二、国际邮轮船供供应链的特点

### (一) 复杂性

邮轮供应链管理是非常复杂的具有高度协调性的供应链管理。由于邮轮是移动的海上度假村,和普通货轮相比,具有供应量大、集中供应、全球采购与集约化配送等特点。据国际邮轮协会统计,2017 年,邮轮产业共运送 2 674.7 万名旅客到达各个目的地,总收入为 1 260 亿美元[①]。与普通货轮相比,邮轮船供的部署比以往更具有全球性。在加勒比地区市场已经饱和的情况下,邮轮公司选择将它们的一些船舶搬迁至欧洲旅游快速增长的地区,并且已向亚洲,特别是中国转移。由于当前贸易的全球化,邮轮供应链的管理日益延长和复杂化。所以说,国际邮轮公司的邮轮船供体系是非常复杂的全球供应链管理体系。

邮轮供应链管理主要分为两类:人道主义/救急供应链(邮轮医院)和度假/旅游供应链。由于邮轮船供的特殊性,供应链的协调管理更重要。供应链由各方参与,直接或间接地完全满足客户的要求。它包括制造商、供应商、仓储企业、零售商以及客户[②]。邮轮供应链四个主要的采购流为:燃料采购、企业采购、技术采购和酒店采购。燃料采购负责采购燃料和其他有关石油的产品,如润滑油,作为船舶的日常消耗使用。企业采购同时兼顾用海上及海岸边,比如办公用品及电脑。技术采购主要用于技术部门和海洋部门,如发动机、零件等。最后,酒店采购保证酒店所需要的食品和其他消费品。

从流向上看,邮轮供应链分为正向供应、逆向供应和循环供应三类。邮轮船供并非一味地提供正向供给服务,还存在一条逆向供给服务,包括固体垃圾回收和清理、废水和油污水接收。此外,还有一条循环供应链,如船舶配件下船检测、维修和再加工后上船,邮轮床单等生活用品下船洗涤后再循环上船等。

从货物种类上看,邮轮供应链可分为传统供应链和特殊供应链。在邮轮船供中除了存在传统供应链外,特殊供应链的比例相当高,如冷链和药物供应链,两者都不同于传统供应。冷链是以保证易腐食品的品质为目的,以保持低温环境为核心要求的供应链系统。所以它比一般常温物流系统的要求更高,也更加

---

① 资料来源:国际邮轮协会网站 https://cruising. org/docs/default-source/research/clia-global-quarterly-report-full-year-2016-2017-overview03C5423B738B. pdf? sfvrsn=2,最后访问时间为 2018 年 8 月 7 日。

② 同上。

复杂,对运输和仓储环节的设备要求较高。药品是一种特殊商品,与其他商品相比有明显的特殊性,即生命关联性、高质量性、公共福利性、高度专业性等,所以药品在邮轮船供时具有突发性、紧急性、安全性和小批量性等特点。

## (二) 全球性

邮轮船供的服务对象是邮轮,而邮轮的基本特点就是流动性,所以要求邮轮船供部门必须具备全球性的采购能力。在全球化采购和全球化船队运营环境下,邮轮公司面临着供应不平衡性和需求差异性的双重挑战。一方面,由于邮轮通常为跨境旅游,物资采购点的经济水平、卫生条件、生活习惯等因素会影响供应物资的质量;另一方面,由于邮轮旅客的组成不仅限于境内,旅客的需求呈现多样化,满足挑剔的各国邮轮旅客的不同需求往往难度较大。

## (三) 时效性

邮轮船供讲究时效性,因为邮轮船供补给的时间非常有限。通常母港船舶从抵达至开航约靠泊 10 小时,在此期间需要完成上下旅客、上下旅客行李、燃油淡水补给、船上废弃物倾卸回收等工作。装运成件供应物的时间通常是上午靠泊后至中午的 4 小时,但供应量却是船上 4 000～9 000 人数日的消耗品,短时内供应量巨大,非常考验供应链的准备工作。同时,运送物资多数属于冷藏保鲜的食物,这就对运送物资的时效提出更高的要求。所以,在邮轮供应链管理中可参考零库存理论进行优化管理。零库存理论起源于日本丰田汽车公司在 20 世纪60 年代实行的一种生产方式,即将必要的零件以必要的数量在必要的时间送到生产线,并且只将所需要的零件、只以所需要的数量、只在正好需要的时间送到生产线,采用零库存管理是保证邮轮船供时效的一个有效措施。

## (四) 不可弥补性

与传统陆上酒店的供应链管理不同,邮轮物资供应是一次性的,往往是不可弥补。船舶一旦离开补给母港,在船舶返港前再进行补给的成本是巨大的,通常也是不可行的。虽然在做采购规划时可参考以往的经历和一些调研,但实践中准确估计供应量是困难的。邮轮船供的难处正是在于供应量的不确定性。所以邮轮公司通常采用有弹性的供给,即有所余量的保守供应。但邮轮本身储藏舱室容积的条件又限制了这种弹性的空间。

### （五）供应点变动性

有别于传统客运，邮轮航线随地区的季节气候、节假日、生活习俗以及市场需求的变化而不断发生变化。邮轮船供在我国许多城市只具有间歇性供应需求，所以邮轮船供点难以长期稳定确立。只有当邮轮挂靠量达到一定规模且全季候存有需求时，建立地区性、规模化和专业化的邮轮船供仓库和配送体系才具备条件。

## 三、国际邮轮公司邮轮物资供应与配送流程

### （一）国际邮轮公司的供应链规划

因为邮轮船供服务属于商业行为，所以在分析邮轮物资供应与配送时，首先应当着眼于邮轮公司和船供服务单位双方的需求，构建以市场为主导、面向经营者的邮轮船供体系和政府配套管理机制。基于对邮轮公司供应链规划的调研考察，可以总结出邮轮供应链规划流程（见图 2-1）。

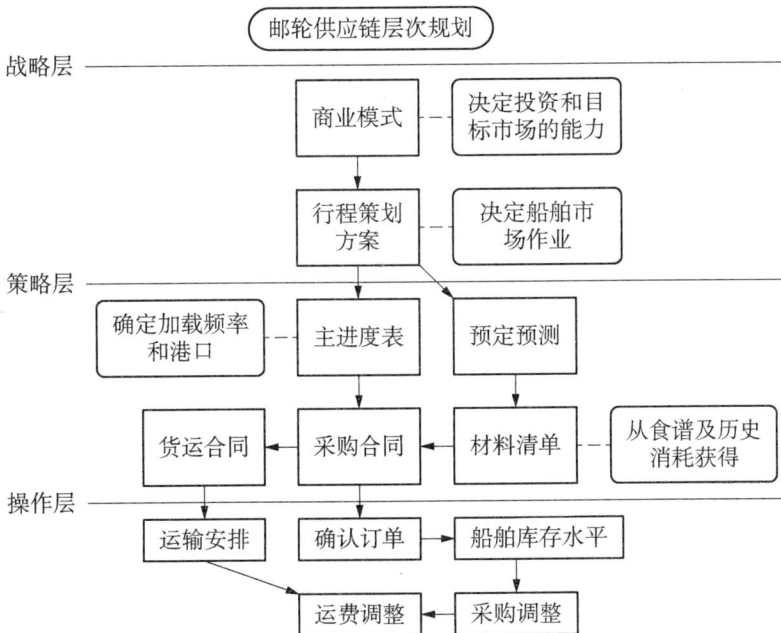

图 2-1　邮轮全球层次规划与流程

从邮轮公司船供规划上看,通常邮轮公司会对其供应链设置三层规划,即战略层、策略层和操作层(见图2-1)。由于邮轮船供具有全球性布局的特点,所以必须在宏观上把握邮轮船供的大战略。首先要确定其核心的商业模式,包括产业布局、采购合作、发展趋势等影响投资和目标市场的因素,所以邮轮公司在选择船供战略时会对航线规划进行综合考虑。在制定商业模式时,各大邮轮公司有所不同。以主营地中海和中东等航线的意大利地中海邮轮公司为例,其在全球范围内,在拿波里、热那亚、巴西和迪拜四地与专门从事邮轮船供的公司进行合作。这些公司专门服务于邮轮公司的船供业务并在意大利拥有配送仓库和保税仓库,这些都是邮轮公司和船供服务机构基于航线和经营战略而设置的采购战略,并形成总的调度计划。策略层主要解决船供活动发生前的准备工作,根据菜单、历史消耗量、装货频率和装货港情况来制订预测清单和采购计划。基本思路就是依据菜单和历史消耗量制订物料计划,然后相应地签订采购合同和运输合同,实现邮轮供给。操作层面就是指实际运输、库存和调整的过程,是整个邮轮船供体系的具体执行。

## (二)国际邮轮船队的供应模式和供应渠道

从供应模式看,邮轮公司通常有三种渠道实现供船:供应商直接供应邮轮、通过供应商代理供应邮轮公司、邮轮公司直接采购。三种模式的选择依据挂靠港口的情况灵活使用。国际邮轮公司通常采取全球采购、总部供应链管理、集中配送的方式,以便高效率地保证高品质的供应。在新加坡、日本和韩国,只要符合行业资质,供应企业可以在码头直接供货,不需要配送代理。过境转运物品可以享受七天免仓储费,除了一般的物流费用外,海关、商检方面几乎没有税费,过境清关程序非常便捷。船供经理对于库存的需求预测必须非常精准,以避免缺货带来的昂贵代价。总部的采购经理和供应链管理专员控制全年各港口船队的供给(见图2-2)。

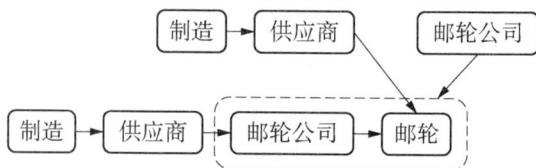

图2-2　邮轮供应链

## 四、国际邮轮船供的行业管理

### （一）国际船舶供应服务商协会及其规则制度

邮轮船供没有专门的行业组织，但也属于船舶供应的行业类别。国际船舶供应服务商协会（International Ship Suppliers & Services Association，ISSA）成立于1955年，是代表全世界2000多家船舶供应商的国际协会，拥有作为正式会员的40个国家船舶供应商协会会员和51个没有国家协会的准会员，分布在500多个地区。其宗旨是通过咨询和交流促进买方即船方与供应方达成更好谅解。ISSA每年召开一次会员大会，每个国家协会会员都有ISSA理事资格。ISSA发行《船舶供应商》杂志，发布有关船舶供应的重大新闻和法规等。

ISSA的主要规则包括船舶物料供应规则，明确了船舶供应商与船东的权利和义务，包括订单、送货、价格、质量、包装、投诉、付款、不可抗力、法律适用和管辖。为了加强与船方的关系，1977年9月ISSA制定了船舶供应行业的道德规范，作为公平竞争和良好商业交易的准则。根据该道德规范，不道德的行为主要有：虚假陈述、偷梁换柱、误导性报价、欺骗性发票、歧视、贸易管制、不合法的定价、低于成本销售或者以不合理的低价销售、从竞争对手挖人、诽谤竞争对手或者诋毁其产品。

在会员质量管理方面，ISSA推出了会员质量标准，质量标准为会员企业提供了加强企业管理、提高企业自身服务质量的指南，有助于会员企业不断提升竞争力。该质量标准在国际广泛认可的ISO9001：2000的基础上，参考吸收了《国际船舶和港口设施保安规则》以及其他一些规定，制定了专门适用于船舶供应行业的质量标准，对船舶供应企业的整个业务流程和管理要求进行了具体的规范，力求促使企业的服务达到优良的水准。该质量标准已经被船舶经纪人协会认可。关于质量标准的基本要求是，会员企业应该向船方表明其有能力提供优质服务和品质良好的产品，并且会员企业应确保提供的服务和产品符合《国际船舶和港口设施保安规则》，确保供应符合供应所在地的法律法规。不仅如此，质量标准还以客户满意为标准，规定了操作流程的质量标准。ISSA的另一个出版物是《ISSA船舶物料供应手册》，为船舶物料做统一的编码，促进交易规范和迅捷，现在已被广泛地应用。

在法律适用和管辖条款中，规定了船舶供应商所在地法院优先管辖，而且只有船舶供应商可以选择提交采购方所在地，或者涉案船舶被扣押地的法院管辖。

在法律适用上,以此规则作为条款的供应合同应该适用船舶供应商所在地法律,或者船舶供应接受地的法律,同时,排除了《联合国国际货物销售合同公约》的适用。

### (二)国际海事采购协会

另一个与船供相关的国际组织是国际海事采购协会(International Marine Purchasing Association,IMPA),是一个富有海事采购经验的团队,成立于1978年,目标是增加采购方和供应方的理解并提高相关业务知识水平,科学地建立海事采购方面的规范。IMPA 在全世界拥有广泛的会员基础,包括一流的船东、船舶管理公司、海事产品制造厂商以及供应商。

IMPA 的宗旨是:提高船东、船舶管理公司以及供应商的效率,增强采购经营管理水平;加强全球海事工业的采购与供应操作人员间的交流与操作;描绘采购方、供应商、专业协会和政府权威人士之间的共同利益;更好地理解船舶供应效率的重要性以及采购经验在减少船舶费用方面的价值;支持那些有益于采购方、供应商以及相关组织的新系统或程序;建立海事工业方面的专业标准;促使国家或者地域性团队的形成;增强供应商和其他方面的运转。

## 第四节　我国邮轮船供业发展现状与问题

### 一、历史沿革与现状

#### (一)邮轮船供企业现状

船舶供应行业是伴随着航运业的高速发展而迅速崛起的航运服务行业。以上海为例,近十年来,上海港货物吞吐量和集装箱吞吐量高速增长,在上海港注册的国际航行船舶也迅速增长。万船云集上海港,使上海港的船舶供应业应运而生并迅猛发展,上海港从事港口船舶供应的企业已发展到约400家,成为我国沿海港口船舶供应企业数量较多、经营规模较大、从业人员较多的港口。20世纪90年代,上海只有两家国有企业具有船舶供应资质。2009年10月6日,国务院办公厅国办发〔2009〕57号文下发,在政策上放开了船供行业的经营。但是贯彻落实国办发〔2009〕57号文,需要各部门的配合并出台实施细则。海关总署关于"运输工具服务企业相关管理办法"和配套的实施细则至今还没有出台。目前国税总局的文件仍然明确规定只有远供、外供可以办理船供退税①。例如，"外轮供应公司、远洋运输供应公司销售给外轮、远洋国轮的货物，可按月向当地主管出口退税的税务机关申报退税，在报关《出口货物退（免）税申报表》时，应同时提供下列单证：①购进货物的增值税专用发票（抵扣联）。②消费税专用税票。③外销发票和销售货物发票。外销发票必须列明销售货物的名称、数量、销售金额，并经外轮、远洋国轮的船长签名方为有效。④外汇收入凭证。对增值税、消费税应税出口货物，应分别申报退税"。

在邮轮船供领域，自2009年国务院下文放开港口供应市场以来，理论上不再需要供船代理，但实际上各邮轮港还是由以上两家专门从事外轮供应的企业和部分邮轮港口运营企业等具有海关报关资质的企业作为船供代理，邮轮船务代理企业也可代为做一些报关和开增值税发票的服务。船供退税企业增多，但仍然有局限，虽然根据海关总署196号令，符合条件的港口经营企业可以直接供船。

### （二）邮轮保税油和保税烟酒市场

在供应国际航行船舶的物品中有两类特殊的保税物品，即保税油和保税烟酒。保税油即国际航行船舶用的燃油和润滑油，其供应因涉及对外贸易、海关保税和危险品运输，因此国家对供应保税油的船供企业有特殊的审批程序，对供应保税油的船供企业的油轮、储油罐等硬件设施以及管理和人员等软件条件都有严格的要求。目前，船供企业还是由商务部、财政部、交通运输部和海关总署四部委联合审核，经国务院批准，才准予经营资质。现在全国共有五家企业有此资质。保税燃油经营资质下放后，浙江自贸区又新增了四家。上海中燃船舶有限公司占据了上海港燃油供应70%的市场份额。

我国保税油全部进口，价格完全与国际市场接轨，燃油进口价格和数量由供油企业根据市场状况决定，国家已取消配额限制。保税油流通全过程要接受海关监管，进口要报关，油料要储存在海关监管的区域和油罐内。供油企业对船舶供油要如实报关，供完后由船长签字，再到海关核销。

国际航行船舶保税烟酒的供应与保税油供应相类似，也是要由商务部、交通运输部和海关总署联合审核，国务院批准设立。保税烟酒整个流通过程也要接

---

① 财政部、国家税务总局发布的《关于出口货物劳务增值税和消费税政策的通知》（财税〔2012〕39号）2.6条规定，出口企业或其他单位销售给国际运输企业用于国际运输工具上的货物可以退税。上述规定暂仅适用于外轮供应公司、远洋运输供应公司销售给外轮、远洋国轮的货物，国内航空供应公司生产销售给国内和国外航空公司国际航班的航空食品。

受海关监管。国产名烟酒必须先出口到香港地区,再进口到内地海关监管仓库。有资质的特供企业经申请核准后调拨到烟酒,再供国际航行船舶或国际机场、客运站。在上海,可以为国际航行运输工具(包括飞机和船舶)供应保税烟酒的企业只有三家:上海外轮供应公司、上海远洋船舶物资供应公司和浦东国际机场有限公司。其中,供应国际航行船舶免税烟酒的是外轮供应公司和远洋船舶物资运输公司。

## 二、我国邮轮船供业发展存在的问题

### (一) 对邮轮码头运营方的政策支持力度不够

上海吴淞口国际邮轮港的投资主体是企业和地方政府,港口运营公司贷款建设,负担较重,即便在这种情况下也成为全国唯一盈利的邮轮码头运营企业,但港口供给仍有不少问题。例如,上海吴淞口国际邮轮码头一期投资达10亿元,建设资金都由企业自筹,除资本金外其余资金通过银行贷款解决,每年有5 000万元的债务。随着邮轮旅游的迅猛发展,两个泊位已经远远不够,投资10多亿元的二期码头已于2018年竣工,增加了两个泊位,实现了四船同靠,建设资金靠银行贷款,企业每年还要承担几百万元的营业税和所得税,对港口运营公司来说在较长的时间内资金无法实现平衡。此外,港口运营企业不断发展综合业务,正转型升级为港口、船舶综合服务商。但现有法律法规和政策对邮轮专用客运码头的管理还存在一定的滞后和缺陷。邮轮游客消费以船上和目的地为主。邮轮上的免税店和邮轮目的地的免税店是消费主场。作为母港,只有扩大以母港船舶供应为主的邮轮衍生产业,如多类型口岸免税店及港区周边商旅文化的配套,才能盘活邮轮港资产,扩大内需。

### (二) 邮轮船供配套法律和政策存在空白和滞后现象

因为船供行业仍不够规范,所以需政府相关部门进一步引导有序竞争。本土邮轮船舶供应企业普遍规模较小,存在恶性竞争的现象,缺乏公共信息平台。上海港口协会船舶供应专业委员会和上海邮轮供应协会应提供更多的业务指导和培训,更好地发挥作用。

邮轮船供缺乏统一配送和明确规范的流程会影响邮轮公司对配送中心的选择。上海港对全球采购的邮轮货柜进行过几次试转运,但邮轮公司总部认为,由于详细流程不明确,在中国邮轮港口批量进行货柜转让存在一定的政策和操作风险,可预见性和风险可控性差。如果针对邮轮物资配送有统一的配送体系和明确规范的操作程序,既可以减少中小企业配送环节的财力与人力投入,又可以规范港口秩序,加强作业人员安全教育,易于管理。

政府相关职能部门应对邮轮船供按照货轮起卸物料进行监管,直供到邮轮上的物品属于非进出口贸易监管程序,不能享受一般贸易的出口退税政策。船供退税特有政策长期以来一直是由国家指定的两大专门供给国际航行船舶的企业专享,虽然 2009 年放开了船舶供应资质,但财政部和税务局的配套船供退税措施还没有及时出台。此外,邮轮的进口转关程序和监管也比较烦琐,与国际惯例不符。在中国港口供船往往成本高、效率低、风险大,因此,邮轮公司一般在日本、韩国和新加坡等地供给。

### (三) 各监管部门协调沟通不够,体制机制上存在障碍

邮轮监管涉及对人、船、货的监管,分属于不同的部门。例如,海关现场业务部门负责对船舶进行监管,加工贸易处负责对货物进行监管、对保税仓库进行审批,行邮处、旅检科负责对旅客进行监管。同样,商检部门也涉及不同处室如通关处、食品处等,缺少统一的邮轮监管体系和船供便利化措施。皇家加勒比国际游轮公司每年为亚洲地区船队的补给为 300～400 个集装箱,邮轮在韩国港口补给可为当地带来约 100 万美元的物流仓储费用,这还不包括港口起卸货物的费用。一艘 14 万吨级的邮轮五天的航次需要的补给总量约为 100 万美元,但在我国各港口的补给量仅为 70 万～100 万元人民币,基本上是生鲜食品类。邮轮船供便利化需要进一步推进。

## 第五节　构建和完善我国邮轮船供体系的建议

### 一、建立邮轮船供保税物流园区的必要性

#### (一) 集中监管、提高效率

鉴于国际航行船舶供应行业面临多个部门的监管,建立邮轮船供保税物流园区可以促进各部门的协作,提高监管效率,同时可为船舶供应企业提供统一的、衔接顺利的办理行政手续的平台。国际航行船舶供应的行业特点,决定了它需要接受来自海关、边防、检验检疫、海事、港务等各个行政机关的监管。比如伙

食供应,除了要向海关申报,办理港务监管手续,还需在边防部门申办登轮许可,特殊食品还需要接受检验检疫部门的监督。又比如备件物料供应,同样需要办理海关、港务和边防手续后才可以供应。提供接收废油污水等服务的企业,除了要在海关申报,在边检办理许可,还需到海事部门备案登记接受监管。面对诸如此类的行政监管,供应企业的每一次供应都需要完成所有的手续,而各个监管部门的办公地点往往都不在一起,电子商务的迅捷在监管部门物理空间距离面前大打折扣,增加了时间和物质成本。从提高监管效率和促进供应企业发展的角度而言,应当建立一个邮轮船供保税物流园区。

### (二)增加当地税收、形成集聚效应

打造区港联动型保税物流园区,是保税区在新形势下进一步拓展空间、提升发展内涵、加快向自由贸易区转型的重要战略举措。港口是城市发展的重要战略资源,大力发展以港口为依托的临港产业,对于提升港口城市的核心竞争力具有至关重要的作用。以上海为例,近年来,上海市正加快建设国际航运中心和国际贸易中心,要实现这一目标,必须充分利用优良的口岸资源。在邮轮产业大发展的背景下,不仅要做好做强传统货运,还要做好新兴的邮轮客运市场。邮轮船供保税物流园区的建设可以更为有效地实现港口产业资源的合理配置,拉动整个邮轮产业链,接轨国际市场,开辟一条高附加值的货物流通的"黄金通道",促进产业结构的优化升级,提升经济发展的内涵与层次。

加快建设保税物流园区是加快新兴工业化进程的迫切需要。现代制造业的发展必须以现代物流业为支撑。没有现代物流的制造业是血脉不通的制造业,缺少现代服务业支撑的国际制造业基地是高成本、低竞争力的基地。必须加速发展现代服务业,走出一条富有竞争力的新型工业化道路。加快建设保税物流园区,可以进一步放大物流业对制造业的促进作用,全力推动第二、三产业互动并协调发展,为港口城市发展开辟新空间、提供新动力、创造新优势。建设保税船供物流中心,实现保税功能,这样就可以吸引大量的船供企业进入,从而形成强有力的集聚效应。

## 二、邮轮船供保税物流园区的功能

### (一)邮轮船供保税物流园区的功能定位

在国际邮轮港附近建立船供物流中心的目标是:建成高效率、低成本、可持

续发展、现代化、信息化的邮轮、船供配套物流示范中心。包括如下内涵：加强货船公司、邮轮公司与内陆企业的联系；充分发挥集商品流、资金流、人才流、信息流的汇总、处理和发送于一体的中枢作用；扩大船供物流中心对内对外的集聚、吸收、辐射以及拉动能力；在船供物流中心内形成商品流、资金流、服务流、信息流融会贯通的枢纽，尽可能提高物流运转和信息交换的速度和效率并合理控制其成本。

船供物流中心有物流组织与管理、经济开发等功能。物流过程所需要的存储、运输、装卸、加工、包装、信息处理、配送等基本功能，结算、商品展示等增值功能，以及金融服务等综合服务功能，都可以在船供物流中心实现。笔者认为，船供物流中心应该具有基本功能、增值功能和综合服务功能。

## （二）邮轮船供保税物流园区的功能区域划分

### 1. 仓储区

主要用于货物的暂时存放，提供仓储服务，是船供物流中心的重要功能区之一，包括堆场、专业货仓、立体仓库、保税仓库等。船供物流中心最基本的功能是存储功能，它要求配备一定的储存设施和设备，如自动化立体仓库。由于船供物流中心所涉及的很多作业环节如运输、配送等要与仓储、库存相联系，所以存储的职能是必不可少的，它可以保证物流活动的开展，具有重要的支撑作用。因此，船供物流中心应根据实际的物流需求，分别建设普通仓库、专用仓库、标准仓、超低温仓库甚至自动化立体仓库，并配备高效率的分拣、传送、储存、拣选设备。

### 2. 运输、配送区

船供物流中心要满足商品生产商与销售商之间、销售商与邮轮用户之间的配送需求，电子商务环境下的物流配送服务应为客户提供不同的配送路线和价格服务，以满足不同层次客户的需求。运输、配送同时包括装卸和搬运的功能，船供物流中心应配备专业化的装卸、提升、运送、码垛等装卸搬运机械，提高装卸搬运作业效率，减少作业对商品造成的损毁。

### 3. 保税加工区

提供保税加工服务，主要针对一些初级产品进行二次加工，或对配件产品进行重新组装。这是非常重要的功能区，邮轮所需要的物品有时需要经过一定的包装程序，而且邮轮所需商品大多是高端和高品质的。船供物流中心的包装作业不仅要负责商品的组合、拼装和加固，形成适于物流和配送的组合包装单元，有时还要根据客户的需要对商品进行必要的商业包装。

4. 信息处理区

是与上述三个功能区相配套的信息支撑系统。船供物流过程中的信息处理主要是指运用计算机及其配套的管理系统,对相关信息进行收集、整理、分析与加工,如订货信息处理、库存信息处理等。通过该项功能,船供物流中心可以掌握船供服务作业的详细情况,并向客户提供充分的交易信息、仓储信息、运输信息、市场信息等信息情报。

综上所述,船供物流中心需要配送邮轮公司所需的原材料、零配件等物料,提供库存管理、实物配送和搬运装卸、保税加工等一系列物流服务,并运用信息技术对这些活动进行集成、集约化管理。

### (三) 邮轮船供保税物流园区的增值功能

国际邮轮船供保税物流园区的增值功能具体体现在交易结算、国际转口贸易、发布商品交易信息、召开商品展示及贸易洽谈会等方面。

(1) 总部经济。无论业务活动是否在中心内完成,各交易主体的总部需要注册在中心,即形成总部经济。

(2) 洽谈采购。通过电子商务为邮轮公司以及货船公司提供商品洽谈和采购的平台。

(3) 交易结算。船供物流中心的结算不仅仅是船供服务费用的结算,在从事代理和配送的情况下,船供物流中心还要替货主向收货人结算货款等。

(4) 商品展示。吸引船供企业或商贸企业参加贸易与会展,开展批发、零售等贸易服务。

(5) 需求预测及物流咨询。根据货物进货出货的流通信息,船供物流中心可以对该货物在未来一段时间内的市场需求进行预测,为客户的生产活动提供相应参考。此外,船供物流中心还可以作为物流专家,为客户进行物流系统和供应链的设计与管理,并对供应商、分销商进行评价与选择。该功能对船供物流中心的综合素质有较高的要求,但同时也是提升其竞争力的一项增值功能。

(6) 船供物流培训。该功能主要是指向货主提供船供物流教育与培训,有利于协助提高货主的船供服务能力和水平,并确立船供服务的标准等。

### (四) 邮轮船供保税物流园区的综合服务功能

(1) 政府管理,主要包括海关、国检、边检、海事、税务、工商等与邮轮和船供监管相关的政府管理功能。

(2) 商务配套,主要包括与货物配送、商品交易、信息交流相关的融资、结算、保险等功能。

（3）生产与生活配套服务，主要包括生产与生活相关的餐饮、住宿、娱乐等功能。

邮轮船供保税物流园区的功能和定位如图2-3所示。

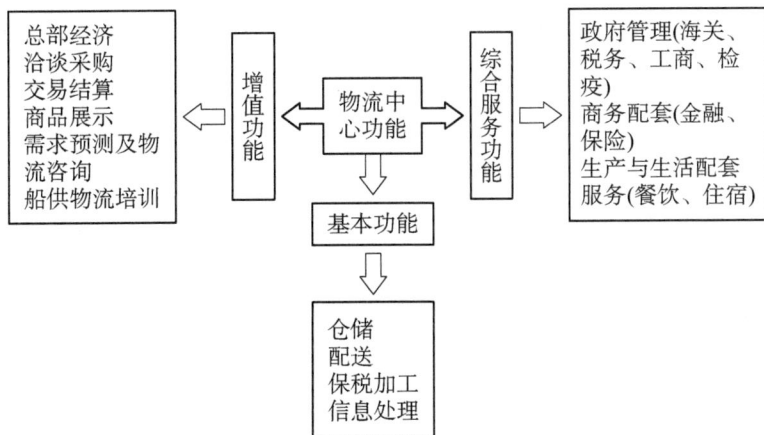

图2-3 邮轮船供保税物流园区主要功能定位

## （五）邮轮船供保税物流园区的重点平台建设

### 1. 船供信息平台

船供物流中心必须进行信息化整合方案设计。信息中心的系统设计和功能设计以及配送中心的选址、流程设计都是非常重要的。物流信息系统基本功能应包括信息采集、信息处理、调控和管理等。在船供信息平台建设中，应该把握以下原则：积极建设与充分整合相结合的原则；一次规划与分步实施相结合的原则；标准化与可扩展性相结合的原则；先进性与安全性相结合的原则。

建设船供信息平台的战略目标是围绕邮轮产业链和船供产业链在时间和空间上的需求，能够处理制造、运输、装卸、包装、仓储、加工、拆并、配送、配套服务等各个环节中产生的各种信息，使信息能够通过船供信息平台快速准确地传递到供应链上所有相关的生产企业、船供企业、政府部门及客户或代理公司，其核心的功能模块是智能配送功能、货物跟踪功能和库存管理功能。

### 2. 船供电子商务平台

针对总部经济、洽谈采购、交易结算、商品展示、需求预测及物流咨询、物流培训等增值功能，需要建立与这些功能相适应的电子商务信息平台，并配合电子化的船供系统。通过电子商务平台的建设,可以为电子商务提供很好的服务,从而促进船供服务业的发展。一般的船供物流信息平台都提供在线交易功能,这实际上已提供了电子商务的基本功能,而像上海的物流信息平台更是集洽谈采购、交易结算、商品展示、需求预测等功能于一体,是高度集成的统一平台。电子商务平台主要包括三个功能板块。

(1)电子化交易功能板块。交易系统为供方和需方提供一个电子化交易市场。在这个板块中,要建立商务信息系统,以电子数据处理、互联网络、数据交换和资金汇总技术为基础,集信息交流、商谈、订货、结算于一体,加速业务开展,并规范整个交易活动的发生、发展和结算过程。

(2)信息发布服务功能板块。包括新闻和公告、商品展示、电子政务指南、政策法规等。在这个板块应建立内部管理信息服务系统,组建局域网并与信息中心联网,实行计算机全程管理,及时发布、搜集、下载有关信息。

(3)会员服务功能板块。包括船供物流中心会员单证管理、会员的货物状态和位置跟踪、交易跟踪、交易统计、会员资信评估等内容。在这个板块中要建设接口系统,接入合作伙伴信息、客户信息系统及业务管理系统,实现订单管理、船供查询及船供信息反馈。

3. 综合管理平台

该管理平台相当于针对国际邮轮船供的特定的"单一窗口",具有船供物流中心的综合服务功能,将政府部门的管理和金融机构的服务融入船供服务,海关、商检、税务、银行等部门或机构为船供信息平台提供电子政务和电子商务所涉及的信息和服务接口,比如线上报关、退税,让数据多跑路,让企业少跑腿,提高船供物流中心的整体运行效率。

## 三、邮轮船供业行业管理与标准建设

### (一)充分发挥行业协会的作用

充分发挥行业协会的作用,做好行业自律是邮轮船供业健康发展的重要途径。我国全国性的国际航行船舶供应行业协会为中国友谊外供商业协会。该协会成立于 1992 年,是经中国政府批准设立的全国性行业社团组织,主管单位为国务院国有资产监督管理委员会,属于国务院国有资产监督管理委员会行业协会的委管协会。协会的宗旨是:协调会员的关系,增进相互联系,指导企业的经济活动,加强行业管理,代表企业向政府反映本行业存在的问题和要求,维护会员的合法权益,组织会员贯彻政府的方针政策,为政府和会员企业服务,推进国际友好交流。起初,协会会员主要是来自各地的友谊公司(商店)、华侨商品供应公司(商店)、台胞购物公司、外轮供应公司。现在国内各邮轮港的船供基本上都有外轮供应各地的分公司参与。友谊外供商业协会还是国际传播供应商协会 ISSA 的会员。

协会每年召开一次会议,由会员企业派代表参加,讨论协会的重大事项和有关行业的重要法律法规,努力促成行业一致行动准则和规范。协会定期出版内刊《友谊外供》,为会员企业传递信息和提供交流,包括有关行业的重要法律法规、公约以及行业动态。中国友谊外供商业协会为我国国际航行供应行业的发展和完善起到了至关重要的桥梁作用。在与国际船舶供应商协会的沟通和交流方面,更是为会员企业打开了对外联系的窗口,起到了纽带的作用。

但是,鉴于邮轮船供的特殊性,协会还应组织我国邮轮船供企业参与国际行业质量标准和操作流程的制定,结合我国实际情况,制定既符合我国国情,又顺应国际趋势的行业指引,为企业的规范化发展提供支持。在新形势下,友谊外供商业协会应该转变职能,吸收更多的民营企业会员,国资委的监管和业务指导也要相应地转变,才能更好地发挥协会的作用。

(二) 设立国际船舶供应协会亚洲邮轮游艇供应分会

目前,除了全国性的国际航行船舶供应协会,还存在地方性船舶供应和港口服务行业协会。目前主要有上海港口行业协会船舶供应专业委员会和大连船舶港口服务行业协会。这些地方性协会在促进船供市场开放、地方供应企业交流和沟通、企业提高管理质量方面,以及在促进地方供应企业与国外行业协会的交流中,起到了积极的作用。行业协会除了推进船供市场进一步开放外,还要引导会员企业深入开展业务学习,做好合规管理,提高业务水平和管理水平。加强与国际行业协会交流,给邮轮船供企业提供全面、及时的信息和资讯。可以引进国际船舶供应商协会,设立亚洲邮轮船供分会,让外国邮轮公司一起参与制定邮轮船供行业标准,建立统一的质量控制系统和检验检测机构。

## 四、邮轮船供的协同监管及制度建设

### (一) 进一步规范国际船舶供应(含邮轮船供),明确监管部门职责

邮轮船供行业面临多头监管,各部门职责不明确,缺少企业主体的规范以及配套的法律法规,一定程度上阻碍了邮轮船供业的发展。例如,当船舶停泊在码

头时,船舶供应企业办理相关手续后进入港区。所需要办理的手续有边防检查机关的登轮许可申请和港区经营管理企业的车辆进港许可。前者属于行政许可,后者不属于行政许可,因为港区经营管理企业不具有做出行政许可的资格。虽然有边防检查机关通过登轮许可来监管供应行为,但是港区是供应行为实际发生的空间,港区经营管理企业是维护港区码头秩序和安全的直接主体。实践中,部分供应企业在向港区经营管理企业取得车辆进港手续后,恶意逃避边防检查,不再向边防检查机关申请登轮许可,擅自登轮。这种行为扰乱了船舶供应市场,不利于港区安全管理。为此,需要制定相关规定,进一步明确边防检查机关和港务管理机关对港区的监管,使得两者在监管时形成合力,协作配合,有力地促进国际航行船舶供应行业的发展。

另外一个突出的问题在于邮轮客运专用码头不具备货运码头的资质,更不可能具有传统意义上的危化品装卸资质。有些维持邮轮运营及船上仪器所必需的清洁剂、氮气等属于危化品,至今不能正常在邮轮港供应。其实口岸危化品分为九类,大可不必"谈危色变",采取"一刀切"的方式。关于邮轮电子废弃物、医疗废弃物和其他垃圾回收处理、电机下船维修等也存在着很多问题,就是现行口岸监管制度不能适应前述的邮轮逆向供应链的需求。

## (二) 出台邮轮物品供应监管管理办法

需要各部门通力配合,进一步贯彻执行 2009 年国办发 57 号文及 19 号文,出台配套的实施细则,真正打破国际航行船舶供应市场准入的壁垒,促进和规范邮轮船供业的发展。虽然 2010 年海关总署第 196 号令《中华人民共和国海关进出境运输工具监管办法》规定了船舶物料等上下船的监管,但该办法主要是针对供应行为的监管。关于供应企业本身的许可,海关总署至今仍未出台相应的规定。其第 11 条规定:"海关对在海关备案的进出境运输工具服务企业和进出境运输工具所有企业、经营企业实施分类管理,具体办法由海关总署另行制定。"对于邮轮船供还没有特殊的监管措施。此外,关于船供物品退免税也是一个新课题,需要海关总署、财政部、商务部和国家税务总局共同研究制订针对国际邮轮船供的实施方案。海关总署早就起草了"海关邮轮游艇游船监管办法"(征求意见稿),但是没有涉及邮轮船供物品的监管,建议增加有关邮轮船供物品监管的具体内容。

总之,大力发展邮轮船供业,需要制度创新。企业层面,需要加强自律,发挥行业协会的作用,制定邮轮船供的行业标准;政府层面,需要通过建立自贸区邮轮港专区,采取符合国际惯例,甚至是世界性的创新举措来促进邮轮船供便利化,这样才能吸引更多的船供企业在邮轮母港集聚。

# 第三章　邮轮服务贸易及制度创新

当今世界服务贸易迅速发展,全球经济竞争的重点正从货物贸易转向服务贸易。扩大服务贸易,改善服务贸易结构,是提高我国参与国际分工和竞争能力的新举措。国际旅游服务成为全球旅游服务贸易的最大组成部分,占比高达25%,邮轮旅游相关服务也是服务贸易的重要组成部分,12年来在中国一直呈爆发式增长,2018—2019年略有下降。

邮轮经济是一种特殊的旅游经济形态,既有传统旅游经济的显著特点,又具有诸多鲜明的个性特征。邮轮旅游者、邮轮船员、邮轮企业的消费极为复杂多元,分散在国民经济各个行业类别中,难以直接从统计数据中得到邮轮旅游服务贸易的数据,评价邮轮旅游服务贸易需要借助特殊的数据来源、理论方法和指标体系。因此,不能简单地从入境游客人数及消费情况来看邮轮旅游服务贸易的整体情况。

与普通旅游业相比,邮轮旅游有其自身的特性。一艘大型邮轮从功能上可以看作一个大型国际海上移动旅游度假区,旅游者在邮轮上度过一个假期,能够享受到餐饮、住宿、娱乐、体育、养生、购物、文化等休闲服务。绝大多数邮轮挂方便旗并注册在外国,邮轮的所有者一般也是几大跨国企业,即便是中资邮轮也都注册在国外,悬挂方便旗,因此,中国旅游者参与邮轮旅游属于出境旅游,在船上和境外目的地的消费属于境外消费,应视为旅游服务贸易进口。不能采用传统的旅游经济贡献度方法来评价邮轮产业,也不能采取传统旅游服务贸易的统计方法来统计邮轮旅游服务贸易。

本章参照国际邮轮经济贡献的分类指标,通过分析邮轮产业对服务业的贡献,探讨邮轮旅游服务贸易指标体系国内外发展现状,对邮轮旅游服务贸易发展提出对策建议。

# 第一节　邮轮旅游服务贸易的概念

## 一、相似概念的厘清

### （一）服务贸易和旅游服务贸易

#### 1. 服务贸易

服务贸易在全球价值链中发挥着重要的作用。单位服务出口拉动的增加值远高于货物出口。以 2012 年为例，我国每 1 000 美元服务出口拉动的国内增加值为 848 美元①。从服务贸易分项目看，高附加值服务项目为通信服务、保险和金融服务、计算机和信息服务；建筑服务、特许权使用和许可费用相对较低。

2018 年，我国服务进出口规模创历史新高，结构持续优化，质量明显提升。从具体数据来看，2018 年中国服务出口 17 658 亿元，同比增长 14.6%，是 2011 年以来的出口最高增速；进口 34 744 亿元，同比增长 10%，2018 年中国服务贸易总额为 52 402 亿元②。

我国国际服务贸易统计体系的建设远落后于服务贸易的发展。已有的统计资料大部分是在国际收支平衡表的基础上加工整理而成，与 WTO 的《服务贸易总协定》及联合国、经合组织、国际货币基金组织等六大组织联合发布的《国际服务贸易统计手册》中的要求有一定的距离。直到 2007 年底，商务部、国家统计局才联合下发了第一部真正意义上的《国际服务贸易统计制度》，2010 年开始，增加了对自然人流动的统计项目。2016 年 12 月又出台了新版《国际服务贸易统计监测制度》，该制度结合了我国服务贸易发展的新情况、新特点，按照全面提升统计监测的准确性、细分性、时效性和权威性的原则，对 2014 年 9 月发布的制度进行了修订，形成新版制度。旨在完善国际服务贸易统计监测、运行和分析体系，将国际服务贸易统计监测工作与国际标准对接。

国际服务贸易统计的方法分三类，一是按照服务贸易的 4 种供应模式。鉴于服务的生产与提供的特殊性，针对服务的不同提供方式，WTO《服务贸易总协

---

① 2014 年商务部政策研究室主任沈丹阳解读《全球价值链和贸易增加值核算报告》，http://www.mofcom.gov.cn/article/ae/ai/201412/20141200843799.shtml，2019 年 8 月 6 日最后访问。

② 商务部. 2018 年我国服务进出口规模创历史新高[EB/OL]. (2019 - 02 - 12)[2019 - 12 - 01]. http://finance.chinanews.com/cj/2019/02-12/875/838.shtml.

定》(GATS)将国际服务贸易定义为以下 4 种供应模式：①跨境供应，指从一国境内向另一国境内提供服务，如电信、邮政和金融等；②境外消费，指在一国境内向其他国家的消费者提供服务，如旅游、留学等；③商业存在，指一个国家通过在另一个国家境内建立机构提供服务，如外资服务业企业；④自然人移动，指一个国家的个人在另一国家境内以自然人存在的形式提供服务，如外籍教师、律师等以自然人的身份在另一国境内提供服务。二是居民与非居民间服务贸易统计(BOPS)。我国国际服务贸易统计制度中规定的居民概念，是指在中国大陆境内具有经济利益中心的经济单位，不属于中国居民的各种经济单位，称为非居民。居民与非居民间的服务贸易，是目前我国服务贸易统计的主要内容，也是当前国际上开展最广泛、基础资料最完善、最具有国际可比性的统计标准。它的数据来源主要是在国际收支平衡表基础上加工整理而成。国际收支统计的主要范围是跨境供应、境外消费，以及商业存在和自然人移动的一部分。三是外国附属机构服务贸易统计(FATS)。外国附属机构服务贸易统计主要针对居民与非居民间服务贸易统计没有涉及的"商业存在"这一服务贸易供应模式进行统计，即对外商在我国设立直接投资企业所进行的服务活动，以及对我国在境外设立的企业所进行的服务活动进行统计。FATS统计的主要范围是商业存在和一部分自然人移动。居民与非居民间服务贸易统计和外国附属机构服务贸易统计是目前我国服务贸易统计的两条主线。二者的统计方式和统计意义各有不同，在统计范围上也有交叉和重复，因此不能将二者的统计结果简单叠加。

根据 2016 年我国新版《国际服务贸易统计监测制度》，服务贸易基本上分为12 大类，23 小类，包括：运输，旅行(旅游、留学)，建筑，保险服务，金融服务，电信、计算机和信息服务，技术，专业和管理咨询服务，知识产权使用费，个人、文化和娱乐服务(文化、教育、医疗)，维护和维修以及其他服务。

国家外汇管理局根据国际货币基金组织编制的《国际收支手册》(第六版)，按照国际收支口径统计服务贸易，包括以下类别：加工服务，维护和维修服务，运输，旅行，建设，保险和养老金服务，金融服务，知识产权使用费，电信、计算机和信息服务，其他商业服务，个人、文化和娱乐服务以及别处未提及的政府服务，个别项目略有不同，如列出了"其他商业服务"。

2. 旅游服务贸易

有学者认为，"旅游服务贸易是指一个国家或地区旅游从业人员运用可控制的旅游资源，向其他国家或地区的旅游服务消费者提供旅游服务并获得报酬的活动"[①]。

---

① 董小麟，庞小霞. 我国旅游服务贸易竞争力的国际比较[J]. 国际贸易问题，2007(2)：78－83.

旅游服务贸易的统计口径国内外没有统一标准。国家外汇管理局根据服务贸易《国际收支手册》按12小类的统计项目中包含了留学生个人及家属花销,国人到海外医疗、产子等花销总额,还包括中国籍海外务工人员和驻外使馆、办事处等工作人员及其家属开销,中国居民到海外投资房地产、金融等花费等,没有真实反映旅游对国际服务贸易的影响。包括上述统计项目,则我国的旅游服务贸易长期是逆差,如果剔除这些统计项目,则为顺差。不少学者认为,旅游服务贸易应该扣除中国居民海外留学、就医、务工、置业和金融投资等非旅游花费。国家文化和旅游部在2017年的工作会议上也建议扣除这些非旅游外汇支出。中国旅游研究院根据这种方式做出的统计表明,近五年我国国际旅游收支一直保持顺差[①],但顺差额呈阶段性收窄趋势(见表3-1)。

表3-1　2014—2018年我国旅游服务贸易数据统计　　　　单位:万美元

| 年度 | 旅游服务贸易收入 | 旅游服务贸易支出 | 差额 |
| --- | --- | --- | --- |
| 2014 | 1 053.8 | 896.4 | 157.4 |
| 2015 | 1 136.5 | 1 045 | 91.5 |
| 2016 | 1 200 | 1 098 | 102 |
| 2017 | 1 234 | 1 152.9 | 81.1 |
| 2018 | 1 270 | 1 202.5 | 67.5 |

资料来源:国家文化和旅游部数据中心.预计2018年中国旅游服务贸易继续顺差[EB/OL].[2018-02-06].http://www.cntour.cn/news/5080/.

### (二)邮轮经济对服务业的贡献

邮轮经济是一个庞大的产业链体系,是典型的资本密集型、技术密集型和劳动密集型三大特征兼具,涵盖第一、第二、第三产业的综合性特殊产业。除了制造业外,邮轮旅游带动的服务业不仅限于旅游观光等,还包括邮轮运营所带动的港航服务业。目前,我国邮轮旅游多为出境游客,如果单纯计算中国居民购买外国邮轮公司的船票及境外目的地消费,则很难反映出邮轮经济的乘数效应,无法客观、全面地评价邮轮旅游对国际服务贸易的贡献。

1.邮轮产业带动的港航服务业

前面阐述过广义和狭义的邮轮经济,后者主要体现在邮轮接待,特别是邮轮港口接待方面的经济效益。包括邮轮码头所在地区相关产业的效益,具体体现

---

[①] 王洋.旅游服务贸易保持顺差[N].中国旅游报,2018-02-07.

在邮轮抵达与起航服务、引航停泊服务、安全检查、舷梯服务、行李处理、登船服务、物资补充、加油服务、废物处理和旅游服务等方面。从活动时间来区分，邮轮经济的活动分四个阶段。开航之前：邮轮公司在邮轮港口办事机构的日常运作、销售、服务，邮轮乘客到达时的交通运输、住宿、就餐、购物与观光等；邮轮到港：引航站的引航，乘客上岸时关检与港口服务，邮轮到岸后下船的乘客所引发的交通、就餐、住宿、观光与购物等；邮轮停靠：邮轮泊位，邮轮补给，废物处理，邮轮的维护，邮轮乘客与船员上岸观光时的就餐、景点门票、交通与购物等；邮轮离港：乘客上邮轮时的关检与港口服务，邮轮出港时的引航服务等。

2. 服务业在邮轮经济贡献中的占比

前面提到过邮轮经济贡献分为直接、间接和衍生三个方面，服务业贡献占比很高，如表 3-2 所示。以美国为例，除了农业、采矿、公用事业和建筑业以及制造业，2016 年美国邮轮服务业总产出高达 317.49 亿美元，占总经济贡献的 66%，而且还不包括住宿和旅行社服务。

表 3-2　2016 年美国邮轮产业总经济贡献情况

| 部　　门 | 产出（百万美元） | 雇员（人） | 工资报酬（百万美元） |
|---|---|---|---|
| 1 农业、采矿、公用事业和建筑业 | 5 057 | 7 289 | 586 |
| 2 制造业 | 10 951 | 33 132 | 2 378 |
| 　21 食品和饮料 | 883 | 3 265 | 218 |
| 　22 服装及纺织品 | 1 246 | 1 750 | 127 |
| 　23 造纸和印刷 | 333 | 1 567 | 119 |
| 　24 化学品和塑料 | 468 | 4 470 | 221 |
| 　25 石油加工 | 986 | 723 | 92 |
| 　26 金属制品 | 719 | 4 062 | 304 |
| 　27 工业机械 | 701 | 1 635 | 246 |
| 　28 船舶维修和保养 | 1 136 | 2 463 | 280 |
| 　29 计算机电子设备 | 3 288 | 2 833 | 525 |
| 　210 其他制造业 | 1 190 | 10 365 | 246 |
| 3 批发贸易 | 2 840 | 34 232 | 1 787 |
| 4 其他运输服务 | 7 354 | 78 066 | 3 645 |
| 5 信息服务 | 963 | 4 055 | 401 |
| 6 金融、保险、房地产和租赁 | 4 236 | 16 870 | 1 634 |
| 7 政府服务（不含住宿和旅行社） | 16 356 | 215 788 | 10 143 |

（续表）

| 部　　门 | 产出（百万美元） | 雇员（人） | 工资报酬（百万美元） |
|---|---|---|---|
| **71 专业科学技术服务** | 5 760 | 38 706 | 2 854 |
| **72 管理和废弃物处理服务** | 3 746 | 54 732 | 1 578 |
| **73 住宿和饮食服务** | 1 757 | 46 156 | 1 058 |
| **74 艺术和娱乐休闲** | 855 | 25 203 | 590 |
| **75 其他政府服务** | 4 238 | 50 992 | 4 063 |
| 总计 | 47 758 | 389 432 | 20 575 |

资料来源：国际邮轮协会《2016 年美国邮轮经济贡献研究报告》。
注：黑体部分都是服务业。

就行业部门而言，政府服务部门在经济影响总额中所占比例最大，产出约为163.6 亿美元，创造了 215 788 个就业岗位，工资薪酬约为 101.4 亿美元。政府服务部门的经济贡献约占邮轮产业总经济贡献的 34.3%，约占总就业贡献的55%，约占总工资薪酬的 49%。制造业为总经济贡献占比第二大行业，经济贡献约为 109.5 亿美元，约占总经济贡献的 22.9%。就业方面，创造了 33 132 个就业岗位，约占总就业贡献的 8.5%，工资薪酬约为 23.8 亿美元。

欧洲邮轮设计建造业全球领先，如表 3-3 所示，2017 年邮轮旅游对欧洲的服务业贡献也高达 264.3 亿欧元，占总经济贡献的 73%。

表 3-3　2017 年欧洲邮轮产业直接经济贡献情况

| 分　　类 | 支出（百万欧元） | 就业人数（人） | 工资薪酬（百万欧元） |
|---|---|---|---|
| 农业、采矿业、建筑业 | 23 | 244 | 5 |
| 制造业 | 9 591 | 52 536 | 2 071 |
| **批发零售业** | 887 | 12 554 | 255 |
| **交通与公共事业** | 4 307 | 26 470 | 975 |
| **酒店餐饮** | 467 | 7 287 | 167 |
| **金融和商业服务** | 2 002 | 15 794 | 553 |
| **其他服务和政府服务** | 748 | 11 284 | 322 |
| 小计 | 18 024 | 126 169 | 4 349 |
| 邮轮公司雇员 | 1 674 | 69 072 | 1 674 |
| 总计 | 19 698 | 195 241 | 6 023 |

资料来源：国际邮轮协会《2017 年欧洲邮轮经济贡献研究报告》。
注：黑体部分为服务业。

## 二、广义的邮轮旅游服务贸易概念

### (一)邮轮旅游服务贸易概念

本书是在全球价值链视阈及全域旅游的视阈下研究邮轮产业链,前面探讨过广义的邮轮产业和邮轮经济的概念。2015年国家统计局发布了《国家旅游及相关产业统计分类(2015)》,以国务院有关文件为指导,以国民经济行业分类为基础,以国际标准为参考,把旅游及相关产业分为11个大类、27个中类、67个小类,基本上对应了大旅游的发展,也基本形成了全域旅游的概念。2018年,在《国家旅游及相关产业统计分类(2015)》的基础上,国家统计局又修订并印发了《国家旅游及相关产业统计分类(2018)》。修订后,共有9个大类、27个中类、65个小类列入旅游及相关产业统计分类之中。根据这个分类,旅游是指游客的活动,即游客的出行、住宿、餐饮、游览、购物、娱乐等活动;游客是指以游览观光、休闲娱乐、探亲访友、文化体育、健康医疗、短期教育(培训)、宗教朝拜、公务、商务等为目的,前往惯常环境以外,出行持续时间不足一年的出行者。从产业链角度出发,分为旅游业和旅游相关产业两大部分。旅游业是指直接为游客提供出行、住宿、餐饮、游览、购物、娱乐等服务活动的集合;旅游相关产业是指为游客出行提供旅游辅助服务和政府旅游管理服务等活动的集合。本书是在全球价值链视角下研究邮轮产业,因此本章也采用广义的旅游业和旅游相关产业的概念,在邮轮全产业链背景下来探讨邮轮旅游服务贸易的概念和统计方法。为了便于在统一标准、统一口径下开展国际邮轮旅游服务贸易竞争力的研究,本章参考国际通用的邮轮经济统计指标,按照邮轮产业对服务业的直接、间接和衍生经济贡献来分析。

### (二)邮轮服务贸易的分类

如果单纯从游客消费的角度把邮轮经济理解成过路经济是很片面的,从邮轮带动的相关服务和就业来看,邮轮产业对邮轮港口所在地区的经济贡献还是比较大的。邮轮旅游及邮轮产业的发展,大大带动了邮轮旅游服务贸易的发展。邮轮旅游服务贸易涉及以下几类:与邮轮相关的运输服务(海运、空运和陆运,含运输、港口、仓储、物流等服务)、旅行(旅游服务),还有为邮轮建造提供服务的融资租赁、信贷保险等金融服务,也涉及与邮轮旅游相关的信息服务。在专业服务方面,涉及咨询服务、法律服务、会计服务、管理咨询和公共关系服务、广告服务、展会服务、技术服务、文化和娱乐服务、邮轮维护和维修服务等。

# 第二节　邮轮旅游服务贸易统计指标体系

由于邮轮是国际航行的海上移动度假村,一张船票涵盖了住宿、交通、娱乐、餐饮、体育等很多服务,与传统旅游方式有很大的不同,需要特殊的统计指标体系。国际邮轮经济贡献类别一般分为直接贡献、间接贡献、衍生贡献,邮轮旅游对服务贸易的贡献也分为这三类。

## 一、按邮轮旅游对国际服务贸易的贡献划分

### (一)直接贡献

邮轮旅游直接支出是对各国及各区域经济贡献的主力,包括直接就业、邮轮公司以及游客和船员购买的货物及服务。邮轮旅游服务贸易的核心领域就是船票收入,以及游客、船员在船上、岸上的消费。

邮轮公司的运营成本中,在邮轮港口城市的支出占比较大的一般是购买燃油、补给和其他服务。包括港口作业费、仓储物流费用、船代和货代等服务费、船供代理服务费、加水加油和岸电服务等。

以巴塞罗那港为例,如表3-4所示,邮轮公司在港口的货物补给支出占总运营支出的30.2%,支付给旅行社的佣金和旅游经营者的费用约占邮轮运营支出的11.3%,邮轮码头服务费用占比为18.8%,港务局行政规费占了8%[1]。游客、船员的消费包括:住宿、岸上观光、购买当地工艺品和纪念品、娱乐活动(夜总会、俱乐部和赌场)、食品饮料、交通(不包括机票和城际交通,即其他城市到邮轮港口城市的交通)、城市和地面交通(出租车等在邮轮港口城市内的交通)、服装、手表珠宝等。其中一半以上是住宿、岸上观光和交通这三大类。

---

[1] Economic Impact of Cruise Activity in Port of Barcelona, by Research Institute of Applied Economics, University of Barcelona, 2016.

表3-4　2014年巴塞罗那邮轮港邮轮运营支出类别

| 分　类 | 支出(百万美元) | 占比(%) |
|---|---|---|
| 旅行社和旅游经营者服务 | 13.7 | 11.3 |
| 废物收集和处理 | 4.2 | 3.5 |
| 船员和乘客的医疗救援 | 0.6 | 0.5 |
| 购物和燃料供应 | 36.6 | 30.2 |
| 船员通勤 | 1.3 | 1.1 |
| 船供服务 | 23.3 | 19.2 |
| 港务局服务 | 9.7 | 8.0 |
| 码头服务 | 22.8 | 18.8 |
| 船务代理 | 5.6 | 4.6 |
| 系泊服务 | 3.4 | 2.8 |
| 总计 | 121.2 | 100.0 |

资料来源：Economic Impact of Cruise Activity in Port of Barcelona，by Research Institute of Applied Economics，University of Barcelona，2016.

## (二) 间接贡献

邮轮旅游间接产生的服务主要由受邮轮直接影响的商业商务及其雇员的消费构成。其中批发零售业、其他服务业、行政规费、金融及商业服务业是邮轮旅游开支的主要直接受惠者。根据国际邮轮协会统计，如表3-5所示，除了燃料、食物和饮料支出、行政支出，2016年在中国、日本和韩国三国邮轮经济贡献中，服务业方面的支出占比达68.8%左右，直接支出23.4亿美元，增加值为11.8亿美元，提供了19 252个全职和兼职岗位，薪酬补偿高达5.994亿美元[1]。

表3-5　2016年中国、日本和韩国邮轮运营主要支出类别

| 类　别 | 金额(百万美元) | 占比(%) |
|---|---|---|
| 船舶保养 | 308.4 | 30.2 |
| 燃料 | 118.5 | 11.6 |
| 旅行社佣金 | 103.1 | 10.1 |

[1] 资料来源：国际邮轮协会《2017年北亚邮轮经济贡献研究报告》。

（续表）

| 类　　别 | 金额（百万美元） | 占比（％） |
| --- | --- | --- |
| 行政支出 | 103.0 | 10.1 |
| 食物和饮料 | 96.8 | 9.5 |
| 其他操作费用 | 96.8 | 9.5 |
| 港口费用 | 82.7 | 8.1 |
| 广告费 | 81.8 | 8.0 |
| 岸上旅游费 | 31.7 | 3.1 |
| 总计 | 1022.8 | 100.0 |

资料来源：国际邮轮协会《2017 年北亚邮轮经济贡献研究报告》。

#### （三）衍生贡献

1. 运输服务

邮轮产业涉及的运输服务为接驳游客和船员的短途运输，外地游客乘坐大巴、货车、飞机到邮轮港口的运输。随着"飞机＋邮轮""高铁＋邮轮""河轮＋邮轮"等多式联运的开展，更多的邮轮组合产品出现，邮轮旅游带动的运输服务量也会大大增加。

2. 商业和商务服务

商业服务包括批发、零售、免税购物、餐饮住宿等。游客在登船前后在港区附近也有住宿、餐饮、购物等商业消费。免税购物在邮轮游客消费中占了很大比重。中国游客大多有旅游消费的习惯。出境前，国内出发的持中国护照的邮轮游客登船前在港区附近口岸免税店的消费属于商务和商业服务。中免国客免税店在虹口国际客运中心以及吴淞口国际邮轮港都设有口岸出境免税店。近年来的销售收入随着游客增多呈上升趋势。2017 年，吴淞口国际邮轮港、虹口国际客运中心、上海站的三家门店总计销售约 1.4 亿元，其中吴淞口国际邮轮港就占了 1.2 亿元，大多为持中国护照的出境邮轮游客的消费。2019 年，上海获批建设中国邮轮旅游发展示范区后，营业面积达 1700 平方米的国内首家邮轮港进境免税店将于第二届中国国际进口博览会举办期间正式开业。2019 年 6 月，凯撒旅游与中国出国人员服务有限公司达成合作，入股天津国际邮轮母港进境免税店。双方共同组建天津中服免税品有限公司，其中凯撒旅游持股 49％，中出服持股 51％，经营范围涉及免税商品、卷烟、食品等。这些邮轮口岸进境免税店将大大促进港口所在城市免税商业服务的发展。

邮轮旅游还可以带动港区周边的商业发展。例如,新加坡滨新加坡游轮中心附近就有很好的商业和文化旅游设施,紧连着怡丰城购物中心和美丽的圣淘沙岛。

位于上海虹口区的上海港国际客运中心在邮轮港附近合理规划开发建设旅游商贸项目与设施。依托进口商品展销中心、中高端餐饮美食、跨境通线上购物及线下体验店等全新项目,打造北外滩滨江商业新地标。在上海港国际客运中心大楼 B1 层,建成以邮轮体验为主要特色,集邮轮、游艇、游船票务销售、城市形象宣传等功能于一体的上港国客旅游体验中心。通过多媒体技术与游客进行互动,让邮轮游客近距离体验邮轮旅游的独特魅力[①]。

3. 商业存在[②]

邮轮产业的发展使得一大批邮轮公司在邮轮港口城市设立代表处和子公司。世界邮轮之都迈阿密有 7 家邮轮公司的总部。2011 年,歌诗达邮轮在上海虹口区北外滩注册了中国首家邮轮独资船务公司。此后,皇家加勒比游轮、公主邮轮、诺唯真邮轮等全球知名邮轮公司也纷纷落户上海虹口区。

上海宝山区引进中船邮轮科技、中船集艾等相关邮轮企业,设立了中船上海国际邮轮产业园,吸引了包括地中海邮轮船舶管理有限公司、歌诗达船务公司等 50 余家邮轮企业集聚。这些外资邮轮机构租用当地办公室,雇用当地工作人员,使用当地的银行、广告、会计和律师等服务,对服务业产生了很大贡献。

4. 会展服务

邮轮行业内比较知名的产业大会主要是英国海贸集团举办的亚太邮轮大会和中国交通运输协会邮轮游艇分会主持的中国邮轮产业发展大会,均多次在上海虹口区和宝山区召开。其中被英国著名会展公司博闻(UBM)收购的英国海贸集团最早在上海虹口东大名路设有办事处,现在 UBM 已在上海设立了公司,拥有员工 200 多人。亚太邮轮大会已经成为重要的世界邮轮会展,已永久落户上海。2017 年上海亚太邮轮大会在宝山召开。为期三天的大会共迎来超过 1000 位参会代表,170 余位邮轮公司高管及 50 余位重磅演讲嘉宾,境外参会代表来自 34 个国家及地区,国内参会代表则主要来自北京、福建、广东、海南、江苏、山东、上海、天津、湖北及浙江等省份[③]。包括《解放日报》、《新民晚报》、东方网、人民网、TTG China 在内的 30 余家海内外行业媒体及大众媒体莅临现场,对大会进行了专题报道,影响较大。

---

① 资料来源:(上海)中国邮轮旅游发展实验区工作报告。
② 根据 WTO 服务贸易分类,商业存在的含义是:外国企业通过在另一国境内设立附属企业或分支机构而在该国提供服务(如外国银行在另一国境内开展业务)。
③ 省份系省、自治区、直辖市通称。

连续在全国各地举办了多届中国邮轮产业发展大会的中国交通运输协会邮轮游艇分会和上海海事大学、中国港口协会邮轮港口分会合作,每年都在全国各邮轮港口城市轮流召开中国邮轮产业发展大会,总部设在北京。

5. 资讯和信息服务

2009 年 6 月,上海国际邮轮经济研究中心由上海市旅游局、上海市虹口区人民政府、上海市宝山区人民政府和上海工程技术大学联合创办,旨在搭建一个政府、企业、高校和科研机构四方配合的开放式研究平台,研究世界与中国邮轮产业的发展趋势以及上海邮轮经济的发展特质,为政府决策提供参考。

由上海国际邮轮经济研究中心主编的《中国邮轮产业发展报告(邮轮绿皮书)》,是国内第一份专门针对我国邮轮产业发展的皮书研究报告,自 2014 年以来已连续发布四次。被誉为中国邮轮白皮书的《中国邮轮产业发展报告》至2017 年也已连续发布八次,由中国交通运输协会邮轮游艇分会、上海海事大学亚洲邮轮学院、中国港口协会邮轮游艇码头分会联合出品。

中国港口协会邮轮分会于 2010 年创办了行业内刊《邮轮志》,每月出版一期,截至 2019 年 8 月,已合计出版了 114 期。目前,《邮轮志》已成为业内极具知名度的行业刊物,为希望了解邮轮行业最新专业资讯的业内人士提供了一个良好的综合信息平台,受到业界人士的肯定。《邮轮志》还在"上港邮轮邮游通""旅游微讲堂"等自媒体和微信公众号客户端上发布相关的文章,发布邮轮旅游的攻略,介绍邮轮的产业文化,公布邮轮旅游的产业最新动态和政策信息,扩大其影响力的同时,也为业内人士和消费者提供了更畅通的邮轮资讯获取渠道。此外,创立于 2017 年 1 月的"邮轮参考"微信公众平台,以专注世界邮轮产业及中国市场研究为宗旨,定位于专业邮轮研究和信息数据分享,目标人群集中于邮轮业内人士,深入研究国际产业发展规律,传播邮轮文化,致力于打造国内权威专业邮轮信息数据平台,目前粉丝量达 8 000 人。

6. 教育与培训服务

有研究机构预测,到 2020 年我国邮轮经营管理人才缺口近 28 万。为加快国家海洋战略发展和上海国际航运中心建设,2005 年上海工程技术大学在全国率先创办旅游管理(邮轮经济)本科专业,填补了该类人才的专业培养空白。在培养过程中,积极开展政产学研用"五位一体"培养国际邮轮紧缺人才的教学实践,其培育模式具有国际国内首创、学科产业对接、理论实践并重、国际合作密切等特点,整体教学水平国内领先。全新教学模式对旅游管理及管理学科的高等教育起到了示范引领作用,实现了邮轮人才培育的创新。

(上海)亚洲邮轮学院由英国海贸(国际)传媒集团、上海海事大学和上海国际港务(集团)股份有限公司三家单位共同筹建,是我国乃至亚洲范围内第一家具有学位授予资格的邮轮管理专业人才培养基地,定期举办邮轮管理课程高级研修班。

7. 维修保养服务

按照船级社的规定和邮轮公司的惯例,豪华邮轮需要每5年进船坞做特检,并且每隔2～3年做内部翻新。目前在欧洲,邮轮修造使用的材料有相当一部分是来自中国,中国在材料方面已经具备了一定的基础。在全球范围内,每年有约50艘邮轮要进行定期坞修,80～100艘要做内部翻新。如果每次入坞成本是500万～1000万美元,平均每年有4～5次坞修,按每年在中国投放的邮轮为20～25艘估算,将带来2000万～5000万美元的维修和翻新收益。目前大多数邮轮坞修主要集中在美洲和欧洲的船厂,中国船厂在邮轮修造方面的机会还非常有限,但未来潜力较大。邮轮上使用的灭火器、救生筏、维修工具、维修垃圾和废弃物、船上仪器充装气体等需要下船再上船,也就是第二章提到的邮轮船供逆向采购流的情况。这种新的操作模式在清关上有很多现实问题,目前正在逐步改进。上海、舟山的国内相关企业都开始涉足邮轮维修保养服务业。2014年,华润大东开始邮轮维修保养业务,是我国第一家进行大型邮轮修理和翻新的船厂,维修的第一艘邮轮是歌诗达邮轮"大西洋号",目前已完成9艘邮轮的维修保养。现在国内能承接国际豪华邮轮维修保养业务的已有6家企业,分布在华东和华南地区(见表3-6)。

表3-6 2017年2月—2018年2月豪华邮轮在中国修理情况表

| 时 间 | 邮轮名称 | 中国维修船厂 |
| --- | --- | --- |
| 2017年2月 | 歌诗达赛琳娜号 | 上海华润大东船厂 |
| 2017年2月 | 中华泰山号 | 广州黄埔文冲船厂 |
| 2017年4月 | 海洋赞礼号 | 舟山中远海运船厂 |
| 2017年10月 | 天海新世纪号 | 舟山中远海运船厂 |
| 2017年12月 | 和平号 | 舟山万邦永跃船厂 |
| 2017年12月 | 歌诗达新浪漫号 | 上海华润大东船厂 |
| 2017年12月 | 歌诗达大西洋号 | 上海华润大东船厂 |
| 2018年1月 | 丽星双鱼星号 | 深圳招商局友联船厂 |
| 2018年2月 | 丽星宝瓶星号 | 深圳招商局友联船厂 |

资料来源:上海海事大学亚洲邮轮学院整理。

但是,目前国内企业仅限于简单维修,如涉及设备及高精度工作,仍需要国外技术支持。歌诗达邮轮曾经为邮轮维修从意大利输送了1 500名技术人员来上海。与亚洲其他国家相比,中国的邮轮维修业还有很大差距。据国际邮轮协会统计,中国、日本和韩国2016年全年维修业务量达到3.08亿美元,中国所占份额还不到2亿元人民币。在亚洲区域内,新加坡山巴旺船厂是豪华邮轮重要的修船基地,知名豪华邮轮公司在该船厂均有维修记录。歌诗达邮轮公司购买了法国马赛船厂33%的股份,以发展豪华邮轮维修业务,目前该船厂有3个干船坞。意大利芬坎蒂尼集团是欧洲最大的造船集团,在邮轮设计、建造、修理等方面保持领先地位,在意大利有8家船厂,分别位于的里雅斯特、热那亚、巴勒莫,总计在全球各地拥有20多家船厂。纳瓦提尔船厂在西班牙有修船基地,专注大型邮轮的维护保养、修理和升级,该船厂拥有欧洲最大的修船船坞,全长386米,宽66米。布罗姆·沃斯是位于德国汉堡的大型修船厂,拥有7个船坞,承接大型邮轮在内的各类船舶修理。芬兰的达门船厂在欧洲拥有123家修理厂,豪华邮轮的维修和保养是其主营业务之一。在北美地区,维多利亚船厂是位于加拿大最大的修船厂,拥有一个干船坞,能满足最大载重吨位10万吨的船舶进船坞。在南美,巴哈马船厂共有2个浮船坞,距离迈阿密约130千米,主营业务是邮轮修理和内部返修,2017年上半年该船厂承接了23艘邮轮的维修。

8. 船供服务

为邮轮船供提供的各类服务也属于服务类别。第一章曾提到,供邮轮的物品一般分为本地采购和国际采购,属于货物贸易范畴,而从事船供代理、船务代理、货物代理、仓储、物流、报关、报检、港口装卸、代签三方合同、代开发票及办理船供退税等属于国际服务贸易范畴,目前邮轮船供服务方面还没有确切的数据。

9. 与邮轮建造相关的服务

邮轮建造业能带动一系列的现代服务业,如设计、内部装修、会计法律、金融保险等,世界上绝大多数邮轮都在欧洲建造。2015年,中国邮轮建造业终于在上海等地实现零的突破。中船集团与嘉年华集团签署了价值250亿元人民币的合资合作协议,并在香港地区成立了一家由中方控股的国际邮轮运营合资公司。该合资公司成立后将在中船集团订造6艘豪华邮轮,并负责这些邮轮的运营及管理。6艘国产豪华邮轮的建造资金将从中国银行、农业银行、兴业银行、光大银行和建设银行5家银行共同投资成立的邮轮产业基金处获得。2015年年底,外高桥造船"豪华邮轮项目部"正式挂牌成立。2017年7月4日,中船集团与意大利芬坎蒂尼公司在上海正式签署豪华邮轮《造船合资公司协议》。根据协议,双方将在中国香港合资设立豪华邮轮设计建造公司,其中,中船邮轮科技发展有限公司持股 60％,意大利芬坎蒂尼公司持股 40％。上海外高桥造船有限公司将负责合资公司豪华邮轮的建造和交付。2018 年 11 月 6 日,在首届中国国际进口博览会上,中国船舶工业集团与美国嘉年华集团、意大利芬坎蒂尼集团合作设计建造 2＋4 艘 13.55 万总吨 Vista 大型邮轮合同正式签订生效。对于这一豪华邮轮建造项目而言,芬坎蒂妮公司的参与至关重要。作为全球最大的邮轮建造商,芬坎蒂妮公司已完工交付了 73 艘豪华邮轮,有芬坎蒂妮公司的帮助,外高桥造船可以避免工程、设计和采购方面可能发生的问题。之前,三菱重工在为阿依达邮轮公司建造 2 艘豪华邮轮时,曾因为失火延误问题而导致高达 15 亿美元的损失。

10. 法律服务

近年来,中国邮轮产业呈现井喷式的发展态势,邮轮产业规模加速扩张,邮轮旅游消费市场进一步成熟,尤其是,上海已发展成为我国邮轮产业的中心。但是,邮轮产业对我国而言是个新兴产业,相关法律制度还不完善,与产业发展态势不相匹配,致使邮轮旅游涉及的法律关系,尤其是民事法律关系,以及相应的纠纷解决在理论与实务中均不乏争议,甚至多次发生旅客"霸船"事件。

2015 年在上海市工商局和旅游局联合制定的新版邮轮旅游合同范本《上海市邮轮旅游合同示范文本(2015 版)》中,引入了将邮轮纠纷提请上海仲裁委员会仲裁的条款。但是示范合同只规范了国内旅行社与游客之间的权利义务关系,还没有体现中国邮轮民事法律关系中"三个合同"的特点,对游客权益保护及对邮轮公司的责任规范还不够。

为此,上海市旅游局、上海市交通委员会联合制定《上海市邮轮旅游经营规范》,自 2016 年 4 月 10 日起施行。作为我国邮轮旅游行业首个政府规范性文件,该规范较为明确地规定了邮轮旅游的法律关系与纠纷解决。根据邮轮旅游产品以及纠纷产生原因的不同,分别规定了相应的纠纷解决的责任主体。

上海市交通委、上海市旅游局、上海边检总站联合发布的《关于上海试点邮轮船票制度的通知》(沪交航〔2017〕1464 号)于 2018 年 1 月 1 日起施行,上海港出发的所有母港邮轮航次全面实施邮轮船票制度。

邮轮船票试点具体举措是:2018 年 3 月 31 日前,上海港所有邮轮旅客必须凭票进港、凭票登船,届时上海港将成为全国首家全面试点邮轮船票制度的港口。实施邮轮船票制度,以 72 小时信息申报制度、凭票入港制度及其配套的旅客安检制度等一系列制度为保障,将明显提升上海港的安全保障能力。同时,将隐藏在包价旅游产品中的邮轮船票显性化,可以进一步明确邮轮公司、旅行社、码头、旅客各主体之间的权利义务和责任边界,既有利于各方维护自身合法权益,也有利于规范邮轮运输经营行为,有利于邮轮公司、旅行社主动修炼内功,提升服务品质。

立法的完善也对邮轮相关法律服务提供了依据。迄今为止,上海仲裁委受理并调解了一些邮轮纠纷,但数量不多。案由包括因旅行社未尽到安全警示或防护义务,导致受伤所主张的赔偿;旅行社未能安排合同约定的旅游线路和行程;包销方诉委托方,认为委托方擅自将约定包销的舱位对外销售,等等①。上海海事法院也受理了多起邮轮案件,中国律师也为邮轮纠纷提供了专业服务。中国海事仲裁委员会、上海仲裁委也开始介入邮轮纠纷调解与仲裁服务。

11. 金融保险服务

邮轮金融保险服务包括银行业务、融资租赁服务、信贷和保险服务。例如,2014 年 10 月,工银金融租赁有限公司进军豪华邮轮融资租赁市场,签下了 3 艘意大利豪华邮轮的融资租赁大单,总价达 8 亿欧元。这是国内租赁企业涉足邮轮产业的首次尝试。2016 年 12 月,由中船集团牵头设立的国内首只邮轮产业基金落户宝山。此外,邮轮公司纷纷和支付宝、微信等合作,让船上消费支付更便捷。邮轮公司还和太平洋保险等保险公司合作,为邮轮延误、行李丢失等提供保险产品。

## 二、按邮轮旅游服务贸易进出口指标划分

邮轮旅游涉及的服务支出类别包括邮轮公司运营支出、游客及船员消费、雇员数和薪酬支出。其中,出口指标包括:①外籍邮轮在中国邮轮港口的运营支出(境外注册邮轮);②外国邮轮游客和船员在中国邮轮港口的岸上消费;③外国邮轮公司雇用中国籍工作人员及薪酬支出。进口指标包括:中国游客在外籍邮轮上(可以通过外籍邮轮公司在中国的船票收入及船上消费统计数据获得)和岸上的消费。邮轮公司运营服务统计如表 3-7、表 3-8 所示。

表 3-7　外国邮轮公司在中国港口所在城市使用的服务(出口指标)

| 购物和燃料供应 | 船员通勤 | 船供服务 | 港务局服务(行政规费) | 码头服务 | 船务代理 | 系泊服务 | 旅行社和旅游经营者的服务 | 废物收集和处理 | 船员和乘客的医疗救援 |
| --- | --- | --- | --- | --- | --- | --- | --- | --- | --- |

---

① 资料来源:上海国际航运仲裁院。

**表 3-8　游客和船员的消费(进出口指标)**

| 游客 | 船票、邮轮产品支出 | 船上消费(船票包含项目以外的另付费项目) | | | 中国境内/外岸上消费 | | | | | |
| --- | --- | --- | --- | --- | --- | --- | --- | --- | --- | --- |
| | | | | | 境内 | | | | | 境外 |
| | | 餐饮 | 休闲娱乐 | 购物 | 购物 | 住宿 | 交通 | 餐饮 | 观光 | |
| 外籍 | | | | | | | | | | |
| 中国籍 | | | | | | | | | | |
| 船员 | | | | | | | | | | |
| 外籍 | | | | | | | | | | |
| 中国籍 | | | | | | | | | | |

## 三、邮轮旅游服务贸易统计指标体系的构建

邮轮旅游服务贸易统计指标体系可分为三个层级。第一层级设有 4 个指标,第二层级设有 15 个指标,第三层级设有 57 个指标(见表 3-9)。

**表 3-9　上海邮轮旅游服务贸易统计指标体系基本框架**

| 一级指标 | 二级指标 | 三级指标 | 外资/内资 |
| --- | --- | --- | --- |
| 1. 邮轮旅游服务企业情况 | 行业规模与效益 | 企业数(个) | |
| | | 资产总计(万元) | |
| | | 营业收入(万元) | |
| | | 营业成本(万元) | |
| | | 利润总额(万元) | |
| | | 税金总额(万元) | |
| | | 从业人员人数(人) | |
| | | 应付职工薪酬(万元) | |
| 2. 邮轮运营企业服务情况 | 邮轮靠泊情况 | 上海港邮轮靠泊次数(艘次) | |
| | | 其中:以上海为母港靠泊次数(艘次) | |
| | | 吴淞邮轮港靠泊次数(艘次) | 区分外资/中资邮轮 |
| | | 国客中心靠泊次数(艘次) | 区分外资/中资邮轮 |

（续表）

| 一级指标 | 二级指标 | 三级指标 | 外资/内资 |
|---|---|---|---|
| | 邮轮客运情况 | 上海港邮轮旅客吞吐量（人次） | 区分出境/入境 |
| | | 其中：以上海为母港的邮轮旅客吞吐量（人次） | |
| | | 吴淞邮轮港旅客吞吐量（人次） | |
| | | 国客中心旅客吞吐量（人次） | |
| | | 上海港出入境邮轮旅客量（人次） | |
| 3. 邮轮旅游服务 | 服务类别 | 统计指标 | 总量/进口/出口（跨境服务，按中国居民和境外居民） |
| | 引航、拖带服务 | 邮轮港口引航艘次（艘次） | |
| | | 邮轮拖带作业量（艘次） | |
| | 仓储服务 | 通用仓库总面积（平方米） | |
| | | 通用仓库利用率（%） | |
| | | 冷库总容积（立方米） | |
| | | 冷库容积利用率（%） | |
| | | 仓储业相关收入（万元） | |
| | 船供服务 | 船舶供应服务企业数（个） | |
| | | 船舶供应营业收入（万元） | |
| | | 船舶食品供应量（吨） | |
| | | 船舶燃油供应量（吨） | |
| | | 船舶淡水供应量（立方米） | |
| | 票务代理 | 票务代理企业数（个） | |
| | | 代理邮轮船票数（张） | |
| | | 代理邮轮船票金额（万元） | |
| | | 票务代理利润（万元） | |
| | 船舶代理 | 邮轮船舶代理企业数（个） | |
| | | 邮轮船舶代理艘次（艘次） | |
| | | 邮轮船舶代理收入（万元） | |
| | | 船舶代理利润（万元） | |

（续表）

| 一级指标 | 二级指标 | 三级指标 | 外资/内资 |
|---|---|---|---|
| | 船舶制造和修理 | 新建邮轮船舶艘数（艘） | |
| | | 新建邮轮船舶投资额（万元） | |
| | | 新建邮轮船舶完工载重吨（吨） | |
| | | 邮轮船舶修理艘次（艘次） | |
| | | 邮轮船舶修理收入（万元） | |
| | 实体商务服务 | 免税店家数（家） | |
| | | 免税店销售额（万元） | |
| | | 商务会展收入（万元） | |
| | | 候船大楼餐饮收入（万元） | |
| | | 配套商业街企业数量（个） | |
| | | 配套商业街企业收入（万元） | |
| | 电子商务服务 | 邮轮电子商务平台数量（个） | |
| | | 平台单日访问量（人次） | |
| | | 平台注册用户数量（人） | |
| | | 平台订单数量（个） | |
| | | 邮轮电子商务销售额（万元） | |
| | | 平台发布线路条数（条） | |
| 4. 其他邮轮相关服务 | 邮轮保险 | 邮轮相关保险金额（万元） | |
| | | 邮轮相关保险保费收入（万元） | |
| | 邮轮金融 | 邮轮金融租赁企业数量（个） | |
| | | 邮轮金融租赁企业收入（万元） | |
| | 邮轮基金 | 邮轮基金规模（万元） | |
| | | 邮轮基金单位净值（万元） | |
| | 邮轮教育和培训服务 | 专业教育机构数（家） | |
| | | 在校学生人数（人） | |
| | | 专业培训机构数（家） | |
| | | 专业培训人员数（人） | |

## 四、邮轮旅游服务贸易统计面临的难题及对策建议

### (一) 现状和问题分析

2016 年,国务院部署在上海等 15 个省份和区域开展服务贸易创新发展试点,2018 年上海服务贸易水平高出全国平均数 15%,其中交通运输和旅游服务占比高达 30%以上。作为首个获批的国家级邮轮旅游发展实验区,上海在邮轮旅游服务贸易方面也做了很多试点和创新,为全国邮轮旅游服务贸易发展做出了很大的贡献。但是,邮轮进入上海十年以来,有关邮轮产业、邮轮经济的统计数据和分析只有邮轮靠泊数及邮轮出入境人次,无法全面反映邮轮旅游对服务贸易及区域经济的贡献,无法科学分析和对比邮轮服务业的国际、国内竞争力和优劣势。上海领先全国,率先开展了邮轮服务贸易试点创新,设立了邮轮旅游服务贸易示范区,探索邮轮服务贸易统计工作。

2017 年,虽然上海仍保持了全球第四、亚洲第一的邮轮母港客源市场,但2018—2019 年已经出现增长幅度放缓的趋势。随着本土邮轮制造业开始起步,邮轮服务业仍然有很大的发展空间。仅凭靠泊量和出入境人次无法判定上海邮轮产业结构、区域经济贡献度,而国际邮轮协会以及有关的邮轮咨询和研究机构为了邮轮公司的利益,有夸大其词和统计不准确的情况,因此不能完全依靠国外的统计。统计是研究的基础,没有统计数据支撑就无法开展深入客观的研究。为此,2018 年 10 月 8 日上海市人民政府办公厅印发的《关于促进本市邮轮经济深化发展的若干意见》里首次提到要加强邮轮经济统计和研究,构建科学的邮轮产业统计指标体系,全面反映邮轮产业规模、增加值和经济贡献度。

2016 年年底,商务部和国家统计局联合出台了《国际服务贸易统计监测制度》,但服务贸易、旅游服务贸易的统计难度很大,上海各区县还没有全面开展此项工作。原因有以下几点:产业链长,分布广、变动大,统计对象庞杂,业务拆分困难;统计标准不统一、基础数据和资料不足、数据采集难度大;统计体制有缺陷,导致各地服务贸易统计数据缺失,无法反映区域服务贸易产业发展的基础和特征,无法揭示产业新情况、新趋势,难以研究支持产业发展的顶层设计和具体工作。2016 年年底,交通部也开始实施专门的邮轮运营统计制度,但分类还不够细,与国际通用的统计类别有出入,如没有单列废弃物和垃圾处理、医疗救援、员工通勤等服务费用。

邮轮产业是综合性的全球性产业,也是运输＋旅游＋娱乐＋住宿的新兴产

业,带动其他产业的效应高达 1:10,甚至 1:14,邮轮旅游服务贸易具有不同于传统旅游方式的特征。邮轮服务贸易提供方和需求方相对来说比较集中,如全球邮轮寡头也就是皇家加勒比、嘉年华集团、地中海邮轮、云顶集团四家,这四家邮轮寡头都是国际上市公司。比起整个服务贸易或旅游服务贸易涉及的行业和产业,邮轮旅游服务贸易涉及的统计调查对象相对来说要少很多,简单很多。因此,上海应率先开展邮轮旅游服务贸易专项试点统计,作为摸清家底,分析邮轮服务贸易发展现状,进一步做好邮轮旅游服务贸易创新试点,发展上海邮轮经济的重要举措。

目前,商务部、交通部、国家统计局、邮轮公司、邮轮码头运营企业、海关总署、边检(移民局)和邮轮行业协会都进行了一些邮轮数据的梳理和整理工作。但国家层面和市级层面的邮轮经济专项统计工作还没有正式开展,各部门信息共享机制也没有建立。

### (二)做好邮轮旅游服务贸易专项统计的对策和建议

#### 1. 参照国际邮轮经济研究的通行分类指标

为了做好邮轮服务贸易的国际比较,应参照国际通行的邮轮经济研究指标,做好邮轮服务贸易的统计工作。邮轮相关服务主要是运输和旅游(涵盖餐饮、住宿、娱乐)两大服务业。国际邮轮运营经济数据的支出方面一般包括:邮轮公司、商品和服务、资本支出(包括净利息)、邮轮乘客和员工、邮轮公司支付的薪资和税费。而对当地的经济贡献则包括:母港和访问港/中转港(过夜与不过夜)游客人数、邮轮业直接支出、就业人数、薪资等指标。邮轮公司的直接支出中服务业方面的支出占了 55% 左右,而邮轮产业链带来的经济影响方面,主要与服务业相关,邮轮游客和船员的消费更是和旅游服务、商业商务服务息息相关,比一般旅游带动的服务业发展作用更大。考虑到邮轮旅游的国际性和在全球价值链中的特殊性,做邮轮旅游服务贸易相关分析和数据收集时可参考以上的经济贡献指标,把与邮轮旅游相关的服务单列出来进行分析。

根据国际邮轮协会的历年报告以及专业咨询机构的研究,邮轮旅游对各国的直接经济贡献类别包括农业、制造业、建筑业,涉及的服务领域包括批发零售业、交通运输业、金融和商业服务业,以及其他服务及政府服务(行政收费等)。

#### 2. 建立各部门信息共享机制

现在国家级邮轮经济发展协调的组织机构还未成立,但国家十部委联合发文支持邮轮经济发展,上海、三亚、厦门、广州等各邮轮港口所在城市也都有市级层面的邮轮旅游发展领导小组。目前,外汇管理局、商务部、交通部等各单位统计口径还不一样。为进一步减轻邮轮服务企业的申报负担,增加部门间信息共享和协调,建议细化并完善交通部、国家统计局于 2015 年开始试行的邮轮运营统计报表制度,按照国际通行惯例,增加废弃物处理、国际医疗救助等方面的统计类别,并区分进出口。

3. 做好邮轮服务贸易重点企业监测

根据邮轮旅游高集聚度的特点,重点对以下企业和相关服务提供商进行统计调查,建立邮轮旅游服务贸易统计监测系统,包括:邮轮公司在沪主要机构(含总部、票务、船舶管理、船务等),邮轮港口运营和综合服务,邮轮废弃物处理,邮轮船务代理,邮轮会展、培训、法律、会计等专业服务,邮轮船供代理,邮轮仓储物流,邮轮旅行社和旅游经营者,邮轮商业商务(含餐饮、酒店等),邮轮科技、信息、船务、咨询等服务,邮轮维修、建造、内装等。其他较具规模的邮轮供应和综合服务企业包括事业单位、外资驻沪代表处、社会团体、行业协会、邮轮服务行政事业单位(如引航站)、邮轮医疗救助机构,等等。

# 第三节　邮轮旅游服务贸易竞争力分析

上海在全国乃至全球率先探索邮轮旅游服务贸易统计,由于其他国家和地区以及上海以外的邮轮港口城市没有相应的统计数据,所以暂时无法进行精准的对比。

## 一、邮轮旅游服务贸易竞争力比较

### (一) 邮轮靠泊量和邮轮出入境游客数量分析

上海在邮轮靠泊量和出入境游客数量方面领先于其他省份,在亚洲也是第一,相关运输服务贸易进口也是全国领先。2008—2017 年上海共接待母港邮轮达到 1964 艘次,接待母港出入境游客量总计达到 993.22 万人次。2008 年的艘次全国占比高达 82.1%。由于全国各地邮轮港口的大量兴建,上海在全国邮轮市场的比重也受到一定的分流,但由于其良好的经济发展基础和广泛的客源市场基础,依然占据全国的半壁江山,2017 年占据全国 60% 的客源市场,2018 年下降到 40%,但邮轮靠泊艘次和接待游客人次在全国仍居位首(见表 3-10)。

表 3－10　2018 年全国邮轮港口邮轮接待及艘次情况

| 排名 | 港　口 | 总量 | | 母港邮轮 | | 访问港邮轮 | |
|------|--------|------|------|--------|------|----------|------|
| | | 艘次 | 万人次 | 艘次 | 万人次 | 艘次 | 万人次 |
| 1 | 上海吴淞口国际邮轮港/上海港国际客运中心 | 375/28 | 271.56/3.01 | 365/9 | 267.22/0.65 | 10/19 | 4.33/2.36 |
| 2 | 天津国际邮轮母港 | 116 | 68.3 | 99 | 64.4 | 17 | 3.9 |
| 3 | 广州港国际邮轮母港 | 94 | 48.12 | 94 | 48.12 | 0 | 0 |
| 4 | 深圳招商蛇口邮轮母港 | 89 | 36.46 | 89 | 36.46 | 0 | 0 |
| 5 | 厦门国际邮轮中心 | 96 | 32.48 | 85 | 29.51 | 11 | 2.96 |
| 6 | 青岛邮轮母港 | 44 | 10.82 | 40 | 10.08 | 4 | 0.74 |
| 7 | 大连国际邮轮中心 | 37 | 8.44 | 32 | 7.24 | 5 | 1.20 |
| 8 | 海口秀英港/三亚凤凰岛国际邮轮港 | 51/20 | 4.75/2.00 | 47/13 | 4.33/0.68 | 4/7 | 0.47/1.31 |
| 9 | 温州国际邮轮港 | 5 | 1.40 | 5 | 1.40 | 0 | 0 |
| 10 | 连云港国际客运中心 | 20 | 1.3 | 20 | 1.3 | 0 | 0 |
| 11 | 舟山群岛国际邮轮港 | 1 | 0.035 | 0 | 0 | 1 | 0.035 |
| 总计 | 976 | 488.71 | 898 | 471.42 | 78 | 17.28 | |

资料来源：叶欣梁，梅俊青.《2019 年中国邮轮经济运行研究报告》。

邮轮公司接待邮轮和游客众多，带动了更多的港口服务。例如，港口作业包含卸车、码垛、缮盖、攒堆、理货、水平运输、装船、靠离泊等作业内容。此外还有引航、助航、系缆、舱内绑扎等码头服务和政府服务。由于上海港靠泊量稳居全国第一，所以邮轮港服务收入也位居全国第一。2014 年达到 1.3 亿元，2015 年翻番到 2.49 亿元，2016 年为 4.3 亿元，2017 年为 6.09 亿元，2018 年下降到 5 亿元左右。

## （二）邮轮港所在城市旅游竞争力分析

有学者按照以下指标体系对全国邮轮港口的旅游竞争力进行了综合比较和分析。选取的公共因子为：城市人均经济水平、港口所在城市旅游服务能力、邮轮港口发展能力、旅游资源因子、人均 GDP、城市居民人均可支配收入、第三产业产值占 GDP 的比重、航空港旅客吞吐量、市区空气质量优良天数、人均绿地面积、星级酒店数量、港口与城市中心距离、到访邮轮艘数、邮轮码头泊位数、码头前沿水深、高等院校在校生、国家 4A 以上风景区、旅游外汇收入等（见表 3－11）。

表 3-11　主因子法邮轮港口旅游竞争力指标体系

| 公共因子 | 因子 |
|---|---|
| 城市人均经济水平 59.2% | 人均 GDP(美元)<br>城市居民人均可支配收入(人民币元) |
| 港口所在城市旅游服务能力 12.8% | 第三产业产值占 GDP 比重(%)<br>航空港旅客吞吐量(万人)<br>市区空气质量优良天数(天/年)<br>人均绿地面积(平方米)<br>星级酒店数量(家)<br>港口与城市中心距离(千米)<br>到访邮轮艘数(艘) |
| 邮轮港口发展能力 11.4% | 拟建邮轮码头泊位数(个)<br>码头前沿水深(米) |
| 旅游资源因子 5.6% | 国家 4A 以上风景区(个)<br>旅游外汇收入(美元) |

资料来源:朱乐群.基于因子分析的我国邮轮港口旅游竞争力评价研究[J].淮海工学院学报(社会科学版),2010(9):40-42.

　　根据主因子及其相应的方差贡献率计算各因子得分及综合评价得分,得出 15 个港口城市的排名依次是:上海、厦门、珠海、深圳、天津、青岛、广州、三亚、宁波、大连、汕头、湛江、烟台、海口、北海。在这 15 个港口城市中,上海得分 1.36,排名第一。各个地区邮轮港口的旅游竞争力分布情况是:环渤海地区,天津0.57;长江三角洲地区,上海 1.36;珠江三角洲地区,厦门 1.32;西南沿海地区,三亚 0.08[①]。

## 二、区域邮轮旅游服务贸易发展现状[②]

　　自改革开放以来,华东、华南、华北三大区域的国民财富得以快速积累,个人消费逐年增加,旅游消费的占比也逐年提高。据调研统计,三大区域内人们普遍能接受的旅游消费为一次性 3 000～5 000 元人民币。经济发展较为成熟的城市已经具备或者部分具备邮轮旅游服务的经济基础。另外,三大区域邮轮市场所在地的综合交通运输网络十分发达,为游客乘坐邮轮提供了非常便利的条件。

---

① 朱乐群.基于因子分析的我国邮轮港口旅游竞争力评价研究[J].淮海工学院学报(社会科学版),2010(9):40-42.

② 此部分内容参考了中国交通运输协会邮轮游艇分会发布的《2017 中国邮轮产业发展报告》。

（一）华北邮轮市场

华北地区的邮轮旅游产业核心主要是指环渤海邮轮旅游产业网络,该地区依托天津国际邮轮港和青岛邮轮港的建设运营及航次扩容逐渐形成了以京津为核心的邮轮市场区域。以天津港、大连港、青岛港等为邮轮母港及挂靠港,以北京、天津、大连、青岛等城市作为支持,主要连接日本、韩国、俄罗斯远东地区的邮轮旅游,同时也能够连接环渤海湾内部邮轮旅游服务。

首先,华北地区邮轮旅游市场的主要优势在于丰富的旅游资源。以天津港为核心向周围辐射,环渤海区域世界级旅游景点密布,其中4A级以上景区多达255处,世界遗产也有7处,多样化且极其优质的旅游资源有利于吸引大量外国游客,从而促进种类繁多、层次较高的旅游资源走向邮轮旅游市场,形成成熟的华北邮轮旅游国际航线。

其次,华北地区具有很强的政策性优势。依托首都北京这一政治中心,在政策上能为邮轮港的后方提供强大的支持。京津城际铁路的开通,半小时都市圈的打造,以及其他四通八达的高铁枢纽和交通网络,使得国际邮轮母港的岸上配套服务十分便利,加大了邮轮服务丰富化的可选择性。环渤海地区交通圈的发展和规划,将使未来国际邮轮游客通达京津城区及环渤海城市群更为便捷。

最后,环渤海地区经济发展迅猛。该地区人口基数大,国民人均收入与消费高,消费能力强。家庭出游以及老年团体出游占比大,有着巨大的市场潜力。游客们在船上和岸边的消费高,品尝美食、参加娱乐活动的热情度高。此外,该地区位于中国北方,市场季节性集中度高,淡旺季差异明显,建设重点清晰。

（二）华东邮轮市场

华东区域的邮轮旅游市场已经形成"一中心,两侧翼"的发展态势,"一中心"指的是上海,"两侧翼"指的是江苏和浙江沿海发达城市带,共同面向东海,依托天然的港口基础和水运优势,形成发达的邮轮产业网络。

首先,从面向外部市场的角度看,在区位优势上,以上海为中心的长三角邮轮服务产业带,往东北可以连接韩国、日本、俄罗斯远东等地区的邮轮服务市场,以及我国的华北短期航线市场;往南可以贯通东南亚的邮轮旅游资源和我国华南邮轮服务产业带,发展直通台湾的邮轮旅游服务未来亦可期。

其次,从以上海为中心辐射江苏和浙江的长三角沿海城市带的人口构成看,城市带有着强大的人口集聚效应,尤其是对优秀的高端人才的集聚效应明显,这客观上使得长三角沿海城市带在市场特征表现上,不仅是单纯的人口基数大,而且其中具有消费能力的人群基数也十分庞大,市场表现为旅客人数的连年递增。该地区有着较好的市场基础,区域内客源充足稳定,且消费能力普遍较高,已有的以日、韩为主的邮轮航线市场认知度较高,市场营销力度大,邮轮销售端竞争激烈,网络销售渠道十分活跃。市场以家庭和年轻人群体为主,区域海派文化与小资情调明显。

最后,从城市带内部结构优劣的具体表现上分析,上海邮轮服务市场的优势在于旅游文化及配套完善、可选品类丰富、精品服务和高科技制造业发达、政府机关行政效能高,劣势在于港口先天状况较差。宁波的优势为邮轮服务文化发达,不足之处在于过低的人口基数客观上降低了其邮轮服务市场的多样性;舟山天然的群岛结构使其港口区位优势凸显。不管是在地理和空间上邮轮市场的网状服务带,还是综合调动各个港口所依托的城市基础带来的各项优势要素,江浙沪以上海为中心,打造优势互补的邮轮港口集群网络,对引领我国邮轮港口市场梯度发展有着重大意义。

### (三) 华南邮轮市场

华南沿海的邮轮旅游市场产业带目前已经形成"三驾马车"齐头并进的格局,这"三驾马车"分别是东南沿海邮轮旅游区、珠三角邮轮旅游区、北部湾邮轮旅游区,每个旅游区都各有其优势与不足。

东南沿海邮轮旅游区以厦门港为核心,同时带动福州、泉州等城市,形成相对成熟的邮轮旅游产业带,有着面向东南亚和台湾直航的有利地理优势。无论纵深发展太平洋的邮轮旅游,还是连接长三角和珠三角等地区的邮轮旅游,都能够游刃有余。其有利条件还体现在厦门市较好的经济基础,该市 2011 年人均 GDP 已经达到约 1 万美元,客观上为邮轮旅游的消费基础提供了物质条件。同时该区域邮轮配套服务产业已经相对完善,具备提供成熟邮轮旅游服务并促使邮轮产业集群形成的能力。2018 年厦门市人民政府印发实施《厦门市 2018 年加快推进邮轮产业发展工作方案的通知》和《进一步促进邮轮旅游业发展的扶持意见》,为开辟以厦门为母港的邮轮航线的邮轮公司给予靠泊补贴,同时进行厦门邮轮港泊位改造工程,在全国率先建立邮轮旅游联盟。厦门首次开通 68 艘定期邮轮航次,打造横跨东南亚六国的长距离"一带一路"邮轮母港新航线,开启"邮轮＋旅游＋文化"的新模式,得到市场热烈反响。2018 年全年接待邮轮 96 艘次,挺进全国前三,其中邮轮母港 85 航次,旅客吞吐量超过 32 万人次。

珠三角邮轮旅游区经济底蕴深厚,休闲文化盛行,加之距离香港邮轮母港较近,该区域邮轮市场起步较早。特别是厦门、三亚、深圳、广州邮轮港的建设运营,进一步推动了华南邮轮市场的发展,逐步形成了以广东为核心的泛珠三角地区邮轮市场。该地区市场起步较早,有着良好的基础,区域内客源稳定且充足。相比华东地区,该区域航线以东南亚为主,海峡航运优势明显,市场对中长程航线的产品认知度较高。另外,该区域出游方式多以家庭为单位。

北部湾邮轮旅游区依托海南国际旅游岛和广西北部湾经济区,区位优势在于其地理位置是面向东南亚的窗口,热带和亚热带旅游资源丰富,气候和环境温和宜人。通过海口、三亚、北海等港口,在连接越南、新加坡、泰国等东南亚国家的邮轮旅游的同时,也能够发展往返港、澳、台之间的邮轮旅游航线,连接珠三角邮轮旅游区亦极为便利。其优势还体现在北部湾的政策支持上,1997 年北海就开通了广西地区首条跨国海上旅游航线,贯通了北海到越南下龙湾。经过 20 年的运营,游客发送量达到 50 万以上,整体创造收益在 20 亿元人民币以上。2015年 2 月 9 日,从北海到越南岘港、马来西亚关丹、越南芽庄的国际旅游航线也随着北部湾经济区并入"一带一路"的发展规划而开通。该航线也是国内第一条以"海上丝绸之路"为主题的邮轮航线。但是,北部湾邮轮旅游区也存在着许多制约条件。首先,该区域整体经济发展水平相对较低,基础设施建设不完善;其次,人口基数虽然大,但是人均消费能力相较于东部发达地区仍有差距,消费的后劲不足,难以形成稳定的邮轮旅游市场;最后,该地区的邮轮旅游文化发展尚不充分,人们对于邮轮旅游的消费欲望并不强烈,或者选择到东部更为成熟的邮轮旅游市场进行消费,因此当地的邮轮旅游市场仍有较大的挖掘空间。

## 三、邮轮旅游服务贸易国际竞争力

### (一) 旅游服务贸易国际竞争力指数

国际上一般采用出口市场占有率指数、贸易竞争优势指数和显示性比较优势指数等指标反映一国特定产业的国际竞争力。出口市场占有率指数是一国出口总额占世界出口总额的比例,贸易竞争优势指数表示一国进出口贸易差额占进出口总额的比重。显示性比较优势指数是美国经济学家巴拉萨于 1965 年提出的一个竞争力测度指标,它是指一国某产业在该国出口中所占的份额与世界贸易中该产业占总贸易额的份额之比。但是国内外目前还找不到本研究中界定的邮轮旅游服务贸易相关指数和数据,因此本书仅用邮轮产业对国别的经济贡献做分析。

## （二）亚洲邮轮旅游服务贸易发展现状

2018 年亚洲地区共有 38 艘邮轮，1 192 邮轮艘次，119 条航线，运力部署比 2017 年下降 17%，但客源市场反而增加 2%。2017 年，亚洲有 1350 万个邮轮旅游目的地，比 2016 年的 1090 万个增长 24%。而其中 74% 的航线目的地集中在东亚地区，除此之外，全球 68% 的邮轮航线访问地聚集在东亚地区。在日本、中国、韩国、泰国、越南、马来西亚和新加坡等地，航线访问次数最多的超过 300 多次。亚洲前 21 个港口有超过 100 条主航线访问，其中前四港口航线访问次数均超过 300 次。上海吴淞口国际邮轮港到访邮轮航次最多，高达 581 次。韩国济州岛第二，为 477 次。新加坡和日本福冈分别为 393 和 341 次。香港是第五，263 次。另外，有 47 个转运港口，上海和新加坡承载了绝大多数航线。基隆（台湾）也安排了大量航线。泰国曼谷林查班港口将安排最新的航线访问（51 艘次），其次是新加坡（44 艘次）和香港（37 艘次）①。

2017 年，共有 3 312 艘邮轮在中日韩三国的港口靠泊。这其中，67% 为经停或到访，33% 为母港始发并返航和过夜。日本经停或到访总的停靠数最多，占 59%，总停靠数占到该地区的 46%。而中国母港始发又返航的停靠数最多，占到该地区返航停靠数量的 83%。在 2016 年，共有 838 万名乘客和船员上岸旅游。返航游客占 27%，沿途以及过夜游客占 58%，船员旅游占 15%。这一点还可以通过 2016—2017 年亚洲主要地区邮轮访问次数对比，从另一个侧面反映出来（见图 3-1）。

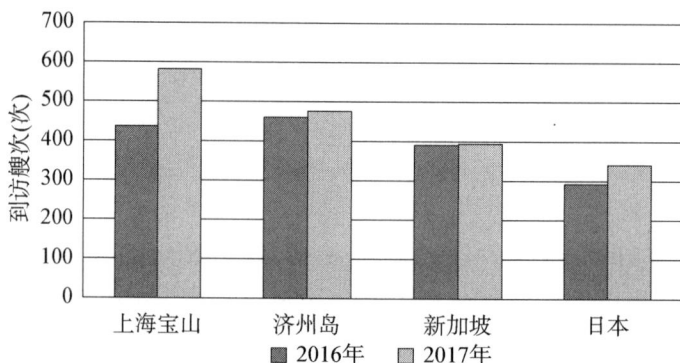

图 3-1　2016—2017 年亚洲主要国家和城市邮轮到访艘次对比

资料来源：根据国际邮轮协会的公开资料整理。

---

① 资料来源：国际邮轮协会《2019 亚洲邮轮运力部署》。

### (三) 中日韩邮轮旅游服务国际竞争力比较

#### 1. 总体情况

根据国际邮轮协会发布的《2016 北亚地区邮轮旅游经济贡献》[①],邮轮旅游业对各国的直接经济贡献类别包括农业、制造业、建筑业,涉及的服务领域为批发零售业、交通运输业、金融和商业服务业、其他服务及政府服务(行政收费等)。邮轮旅游的直接受益部门是服务业,主要是批发和零售业、其他服务和政府服务、金融和商业服务业。邮轮旅游对服务业的贡献约占 72%,直接支出为 23.4 亿美元,增加值为 11.8 亿美元,创造了全职和兼职岗位 19 252 个,薪酬支出总量为 5.944 亿美元。在整个北亚地区,邮轮旅游的直接经济贡献包括 32.3 亿美元的直接支出,15.1 亿美元的增加值,23 697 个就业岗位,7.545 亿美元的薪酬支付(见表 3-12)。

表 3-12 2016 年邮轮旅游业对北亚产业的直接经济贡献

| 部门 | 支出(百万美元) | 附加值(百万美元) | 报酬(百万美元) | 工作岗位(个) |
|---|---|---|---|---|
| 农业 | 0 | 0 | 0 | 0 |
| 制造业 | 523.7 | 152.8 | 88.5 | 2 156 |
| 建筑业 | 0 | 0 | 0 | 0 |
| 批发和零售业 | 962.3 | 604.2 | 301.7 | 9 315 |
| 交通运输业 | 369.3 | 181.7 | 71.5 | 2 289 |
| 金融和商业服务 | 679.5 | 291.2 | 174.9 | 3 255 |
| 其他服务和政府服务 | 693.9 | 283.6 | 117.8 | 6 682 |
| 总计 | 3 228.6 | 1 513.6 | 754.5 | 23 697 |

资料来源:根据国际邮轮协会的公开数据整理。

邮轮旅游业间接和衍生的经济贡献由受邮轮直接影响的商业商务及雇员的消费构成。因此,这些影响遍及各个经济领域。2016 年北亚地区邮轮经济带来的间接经济贡献包括 39.8 亿美元的总支出,17.2 亿美元的经济增加值,27 934 个就业岗位,7.496 亿美元的薪酬支出。邮轮旅游产生的间接和衍生经济贡献比直接经济贡献更多样化和分散化。排名前三的行业包括制造业、金融和商业服务业以及农业。2016 年在北亚地区这三个部门约占间接和衍生影响总额的 79%,其中产出为 31.6 亿美元,增加值为 12.2 亿美元,提供了 19 893 个就业岗

① 该报告所指北亚地区包括中国(内地和香港)、日本和韩国。

位,薪酬支出为 4.911 亿美元(见表 3-13)。

表 3-13　2016 年邮轮旅游业对北亚产业的间接和贡献

| 部门 | 支出(百万美元) | 附加值(百万美元) | 报酬(百万美元) | 工作岗位(个) |
|---|---|---|---|---|
| 制造业 | 1 835.8 | 495.9 | 188.6 | 7 507 |
| 金融和商业服务 | 724.5 | 487.6 | 204.0 | 5 196 |
| 批发和零售业 | 258.4 | 125.3 | 75.7 | 1 419 |
| 其他服务和政府服务 | 356.4 | 295.9 | 142.7 | 5 675 |
| 农业 | 599.6 | 235.5 | 98.5 | 7 190 |
| 交通运输业 | 182.7 | 65.0 | 32.3 | 657 |
| 建筑业 | 24.7 | 12.1 | 7.8 | 290 |
| 总计 | 3 982.1 | 1 717.3 | 749.6 | 27 934 |

资料来源:根据国际邮轮协会的公开数据整理。

　　邮轮旅游业对北亚地区直接、间接和衍生的经济贡献加在一起,就是邮轮旅游业对北亚地区的总经济贡献。根据国际邮轮协会的统计,2016 年北亚地区邮轮旅游业的总产出为 72.1 亿美元,增加值为 32.3 亿美元,提供了 51 631 个就业岗位,薪酬支付总额为 15 亿美元(见表 3-14)。除去制造业、农业和建筑业,剩余部门均为服务业部门,2016 年创造了 42.27 亿美元的产出和 23.35 亿美元的增加值,创造了 34 488 个就业岗位。东北亚地区邮轮产业中的服务业对地区经济和就业的促进作用明显。

表 3-14　2016 年邮轮旅游业对北亚产业的总经济贡献

| 部门 | 支出(百万美元) | 附加值(百万美元) | 报酬(百万美元) | 工作岗位(个) |
|---|---|---|---|---|
| 制造业 | 2 359.5 | 648.7 | 277.1 | 9 663 |
| 农业 | 599.6 | 235.5 | 98.5 | 7 190 |
| 建筑业 | 24.7 | 12.1 | 7.8 | 290 |
| **非服务业小计** | **2 983.8** | **896.3** | **383.4** | **17 143** |
| 交通运输业 | 551.9 | 246.7 | 103.9 | 2 946 |
| 金融和商业服务 | 1 404.0 | 778.8 | 379.0 | 8 451 |
| 批发和零售业 | 1 220.7 | 729.5 | 377.4 | 10 734 |
| 其他服务和政府服务 | 1 050.3 | 579.5 | 260.5 | 12 357 |

（续表）

| 部门 | 支出（百万美元） | 附加值（百万美元） | 报酬（百万美元） | 工作岗位（个） |
|---|---|---|---|---|
| 服务业小计 | **4 226.9** | **2 334.5** | **1 120.8** | **34 488** |
| 总计 | 7 210.7 | 3 230.9 | 1 504.1 | 51 631 |

资料来源：根据国际邮轮协会的公开数据整理。

**2. 国别分析**

邮轮旅游业的经济贡献在北亚的各个国家有所不同。对不同国家的经济影响差异体现在邮轮停靠的数量、旅客和船员的到访量以及各国乘客和船员平均支出的不同。根据国际邮轮协会的统计，2016 年到访中国港的游客和船员为 270 万人次，其中母港出发游客为 200 万人次，占了北亚地区的 90%。日本经停和过夜的游客有 260 万人次，占了北亚地区的 53%。

2016 年，邮轮产业对北亚三国的总经济贡献高达 72.1 亿美元。日本是最大的经停港口国家，邮轮产业对日本的经济贡献总额约为 21.6 亿美元，增加值约为 11.4 亿美元，提供了 14 724 个全职和兼职就业岗位，薪酬支出约为 7.43 亿美元。日本的主要邮轮目的地是福冈、长崎和冲绳。此外，横滨是一个主要的周转港口。韩国的主要邮轮目的地是济州岛、釜山和仁川。韩国的港口主要是过境目的地。邮轮旅游在韩国的总产出约为 3.85 亿美元，增加值约为 2.07 亿美元，提供了 3 137 个全职和兼职工作岗位，薪酬支出约为 1.32 亿美元，占整个北亚地区邮轮经济贡献的 5%。中国[①]是北亚地区主要的邮轮母港地区，邮轮始发和返回的港口约占该地区总经济贡献的 65%。邮轮经济总产出约为 46.7 亿美元，经济增加值约为 18.8 亿美元，提供了 33 770 个就业岗位，薪酬支出约为 6 293 万美元（见表 3-15）。

表 3-15 邮轮旅游对北亚三国的总经济贡献（2016 年）

| 部门 | 产出（百万美元） | 增加值（百万美元） | 薪资支出（百万美元） | | 就业人数（人） | |
|---|---|---|---|---|---|---|
| 日本 | | | | | | |
| 直接 | 1 197.4 | 642.7 | 455.4 | | 8 669 | |
| 间接 | 961.3 | 499.8 | 287.4 | | 6 055 | |
| 总计 | 2 158.74 | 1 142.50 | 742.75 | 12.6* | 14 724 | 275* |

① 国际邮轮协会的这份研究报告提到的中国的主要港口包括上海、香港和天津，没有单列上海。

（续表）

| 部门 | 产出（百万美元） | 增加值（百万美元） | 薪资支出（百万美元） | | 就业人数（人） | |
|---|---|---|---|---|---|---|
| 韩国 | | | | | | |
| 直接 | 199.8 | 106.0 | 76.2 | | 1 835 | |
| 间接 | 185.3 | 101.0 | 55.7 | | 1 302 | |
| 总计 | 385.07 | 206.99 | 131.98 | 1.3* | 3 137 | 55* |
| 中国 | | | | | | |
| 直接 | 1 813.5 | 764.9 | 222.8 | | 13.193 | |
| 间接 | 2 835.4 | 116.5 | 287.4 | | 20 577 | |
| 总计 | 4 666.9 | 1 881.4 | 629.3 | 285.2* | 33 770 | 18 974* |
| 北亚（总和） | | | | | | |
| 直接 | 3 228.6 | 1 513.6 | 754.5 | | 23 697 | |
| 间接 | 3 982.1 | 1 717.3 | 749.6 | | 27 934 | |
| 总计 | 7 210.7 | 3 230.9 | 1 504.1 | 299.2* | 51 631 | 19 304* |

注：带＊数据代表邮轮公司在各国岸上的雇员数及其薪酬。

以上数据不包括岸上的雇员。加上岸上的雇员（表 3 - 15 中＊标出），邮轮产业在整个北亚地区的岸上雇员总数为 19 304 名，而中国占据了绝对的数量优势，即 18 974 名中国雇员，占了 98% 的比例。因此，包括邮轮上的雇员和船员，邮轮产业对北亚地区的就业贡献高达 70 935 个工作岗位，薪酬支出达到约 18 亿美元。可以看出，在总经济贡献的各项指标方面，最高的是中国，日本位居第二，韩国第三。

由表 3 - 16 可以看出，在邮轮旅游对北亚三国的总体经济贡献方面，建筑业、农业和制造业占比约为 41.4%，其余都是服务业。

表 3 - 16　2016 年邮轮业对北亚地区三国的总经济贡献（按产业类别）

| 行业 | 产出（百万美元） | 占比（%） | 增加值（百万美元） | 薪酬（百万美元） | 雇员人数（人） |
|---|---|---|---|---|---|
| 农业 | 599.6 | 8.3 | 235.5 | 98.5 | 7 190 |
| 建筑业 | 24.7 | 0.3 | 12.1 | 7.8 | 290 |
| 制造业 | 2 359.5 | 32.7 | 648.7 | 277.1 | 9 663 |
| 小计 | 2 983.8 | 41.4 | 896.3 | 383.4 | 17 143 |

（续表）

| 行业 | 产出（百万美元） | 占比（％） | 增加值（百万美元） | 薪酬（百万美元） | 雇员人数（人） |
|---|---|---|---|---|---|
| 批发和零售业 | 1 220.7 | 16.9 | 729.5 | 377.4 | 10 734 |
| 交通运输业 | 551.9 | 7.7 | 246.7 | 103.9 | 2 946 |
| 金融和商业服务 | 1 404 | 19.5 | 778.8 | 379 | 8 451 |
| 其他服务和政府服务（行政收费） | 1 050.3 | 14.6 | 579.5 | 260.5 | 12 357 |
| 小计 | 4 226.9 | 58.6 | 2 334.5 | 1 120.8 | 34 488 |
| 总计 | 7 210.7 | 100.0 | 3 230.9 | 1 504.1 | 51 631 |

资料来源：根据国际邮轮协会 2017 年北亚邮轮经济贡献的研究报告整理。

2016 年邮轮旅游对中国服务业的贡献约为 168 亿元人民币，折合美元约 23.52 亿美元[①]，在北亚地区位列第一，日本第二，韩国第三。除了日籍雇员的薪酬比较高以外，邮轮旅游中国服务业的其他各项经济指标在北亚地区都遥遥领先（见表 3-17）。

表 3-17　2016 年邮轮旅游对北亚三国服务业的经济贡献

| 国别 | 项目 | 产出（百万美元） | 增加值（百万美元） | 薪酬（百万美元） | 雇员（人） |
|---|---|---|---|---|---|
| 中国 | 批发和零售业 | 537.74 | 304.02 | 79.72 | 4 212 |
| | 交通运输业 | 354.58 | 141.11 | 35.20 | 1 630 |
| | 金融和商业服务 | 796.68 | 390.17 | 146.34 | 6 237 |
| | 其他服务和政府服务（行政收费） | 663.98 | 353.29 | 117.94 | 7 923 |
| 合计 | | 2 352.98 | 1 188.59 | 379.19 | 20 002 |
| 日本 | 批发和零售业 | 552.96 | 354.21 | 256.66 | 5 454 |
| | 交通运输业 | 149.44 | 87.55 | 60.87 | 1 162 |
| | 金融和商业服务 | 425.89 | 283.50 | 175.70 | 1 472 |
| | 其他服务和政府服务（行政收费） | 279.32 | 159.17 | 106.16 | 3 503 |
| 合计 | | 1 407.62 | 884.42 | 599.39 | 11 591 |

---

① 根据 2016 年人民币兑美元汇率，1 元人民币＝0.14 美元计。

（续表）

| 国别 | 项目 | 产出<br>（百万美元） | 增加值<br>（百万美元） | 薪酬<br>（百万美元） | 雇员（人） |
|------|------|------|------|------|------|
| 韩国 | 批发和零售业 | 88.64 | 48.51 | 35.15 | 1 068 |
| | 交通运输业 | 21.11 | 7.77 | 5.40 | 154 |
| | 金融和商业服务 | 116.83 | 73.10 | 44.41 | 742 |
| | 其他服务和政府服务（行政收费） | 55.61 | 39.10 | 26.60 | 931 |
| 合计 | | 282.18 | 168.48 | 111.56 | 2 895 |

资料来源：根据国际邮轮协会的公开数据整理。

## 第四节　影响邮轮旅游服务贸易发展的问题分析

### 一、中国邮轮旅游发展存在的问题

外国邮轮船队投放运力不均衡，产品创新不足，造成邮轮旅游体验下降。包船模式弊病凸显，直销模式发展缓慢。短期内邮轮运力的供给与邮轮文化培育缓慢、邮轮分销渠道不畅之间存在矛盾；邮轮旅游目的地可选空间有限与邮轮旅游多样化需求之间存在矛盾；沿海丰富的旅游资源与缺乏成熟的邮轮旅游目的地之间存在矛盾；邮轮港口的大量资金投入与投资回报率较低之间存在矛盾；邮轮港口商业配套需求增加与规划不足之间存在矛盾；巨大的邮轮旅游潜在市场与市场渗透率较低且增长缓慢之间存在矛盾；旅游需求多样化与船型规格较为单一之间存在矛盾；邮轮产品体验亟待提升与邮轮产品价格较低之间存在矛盾；国产邮轮亟待建造与核心技术掌握不足之间存在矛盾。

### 二、我国邮轮旅游市场发展不平衡

近年来上海在全国邮轮旅游客源市场保持一枝独秀。在目前多母港运营的趋势下，广州、天津、厦门、深圳的邮轮市场发展较快，其他邮轮市场的发展却较为缓慢，甚至下降趋势明显。如三亚，原来是中国最大的访问港，2017 年 1—10月仅接待 9 艘次邮轮，2018 年仅接待访问港邮轮 3 艘次，国内游客西沙游航线接待邮轮 121 艘次①。在我国东部沿海地区邮轮旅游渗透率已经较高,但中西部地区对邮轮旅游依然较为陌生。东西部旅游发展指数差距较大,2016 年东部地区达到 0.56,而西部地区仅为 0.23。

## 三、我国邮轮旅游进口依然较为缓慢

我国入境旅游国外游客占比较低、频率较低、复购率较低。根据统计数据,2016 年入境游客中有 79.8% 是首次来中国旅游。我国有丰富的沿海旅游资源,但却尚未形成成熟的邮轮旅游目的地,尤其是南海市场、环岛邮轮旅游、近海邮轮等都没有得到充分发展。邮轮旅游市场的发展需要更多市场主体的参与,其中旅行社在邮轮文化传播中发挥着重要的作用。我国东部地区的旅行社占全国旅行社总量的 50%,中西部加总占 41%,东北地区仅占 9%。因此需要更多的邮轮公司在中西部地区推广邮轮,推进邮轮市场区域结构更加平衡。邮轮旅游目的地的发展要与当地居民的生活进行有效结合,使全域旅游在邮轮旅游中得到更好应用,使邮轮旅游在旅游扶贫中发挥更大的作用和影响,通过邮轮促进本地居民对美好生活需要的满足。

## 四、自贸区改革红利尚未完全释放到邮轮旅游发展实验区

同样是中国邮轮旅游发展实验区,设在天津滨海新区的邮轮旅游发展实验区位于天津自由贸易试验区内,而上海的吴淞口和北外滩邮轮港、浙江舟山的邮轮港还有其他一些港口不在自贸区空间范围内,无法分享自贸区的制度创新以及与邮轮服务相关的开放政策。目前,全国分四批复制推广的自贸区制度创新举措还没有完全复制推广到非海关特殊监管区内的中国邮轮旅游发展实验区。即便复制推广了,也不能完全适应邮轮产业发展的需求,需要在中国邮轮旅游发展实验区进一步进行改革和创新。

## 五、口岸规划和建设对邮轮港商业商务服务发展的影响

母港建设不仅在宏观规划方面要符合港口法的规定,而且在微观上,由于构成邮轮经济的各个相关因素,诸如邮轮母港的建设、码头的布局、邮轮建造等环

---

① 三亚市旅游委统计数据,包括南海之梦、长乐公主等西沙航线,国际航线只有 3 个航次。

节要求必须协调,故而邮轮经济下的港口规划和管理更为复杂。母港的建设必须具备提供邮轮靠泊离泊、乘客候船与上下船服务的场所;提供相关的出入境检验检疫及通关场所;提供以邮轮旅游为主题的特色零售、娱乐活动等配套设施;提供以邮轮旅游业为主题的资讯、展览和教育相关设施。目前我国港口建设的主要依据是交通运输部出台的《港口工程建设管理规定》和《全国沿海邮轮港口布局规划方案》,但对邮轮母港的建设、运营和管理等尚未形成完善的法律制度体系。

## 六、邮轮专业人才紧缺影响高端邮轮服务业

近年来随着中国,尤其是上海在国际邮轮旅游市场的比重日益加大,国际邮轮企业对中国市场的重视也与日俱增。因此,行业对人才的需求也相当可观。国际邮轮乘务专业、管理专业,以及英语、旅游管理、酒店管理等专业人才,均是邮轮服务急需的人才。目前,上海还缺少校企合作培养邮轮服务人才的机制,导致人才供给远远满足不了高端邮轮服务业的需求。

# 第五节　发展邮轮旅游服务贸易的对策建议

邮轮旅游作为新型旅游及综合性的产业,不仅需要现有自贸区的政策红利,更需要符合邮轮产业链发展特点的制度创新,具体建议如下。

## 一、把自贸区相关制度创新复制推广到邮轮旅游发展实验区

自贸区在服务贸易、投资管理和商事登记、货物贸易便利化方面的很多制度创新也是邮轮产业发展所需要的,应允许在中国邮轮旅游发展实验区内注册的融资租赁企业或金融租赁公司在区内设立的项目子公司从境外购买邮轮、游艇、游船、水上飞机时享受类似飞机的相关进口环节增值税优惠政策。在邮轮旅游发展实验区试点允许注册在区内的外资邮轮运营服务企业开设离岸账户,为境外业务提供结算便利。邮轮企业要是想跨国经营,在沿线多国港口会产生票务收入和各项支出,尤其是邮轮地区总部,要对在不同国家的下属企业开展资金的集中管理,跨国收付。

## 二、设立自由贸易港邮轮专区

借助新一轮深化改革，对标国际最高标准自贸区设立自由贸易区邮轮新片区，视为自贸区延伸区域或邮轮海关特殊监管区，试点邮轮旅游服务业对外开放以及供邮轮货物及维修的监管创新制度。

## 三、争取交通部进一步下放有关邮轮新航线的审批权

关于外籍邮轮多点挂靠的审批，提交各种证明材料的申请手续还较为烦琐，审批流程长。现在交通部已把多点挂靠的审批权下放到海南，外籍邮轮可以在一次航行中挂靠中国两个以上沿海港口，但只能在海南省内多个港口挂靠，涉及海南以外的中国沿海港口还是需要当地港口交通部门向交通部申请特批，而且需要通过两个港口的交通部门同时向交通部申报。考虑到邮轮旅游的区域高集聚特点，建议将多点挂靠审批权下放到邮轮枢纽城市或六大邮轮旅游发展实验区所在城市，如上海、天津、厦门、广州、深圳等。也可试行多点挂靠备案制，简化多点挂靠审批流程。

## 四、对外籍邮轮公司和外商独资旅行社开放中国游客出境游业务

上海、北京、海南等省份，允许中外合资或外商独资的旅行社经营中国居民出境游业务。建议全国统一开放或在六大邮轮旅游发展实验区率先试点。当然也可以设定一定的条件，如对上海区域经济贡献巨大、带动上海邮轮旅游服务贸易进口量大、促进入境游的外籍邮轮公司和外商独资旅行社开放经营出境游业务，在华东地区鼓励外籍邮轮公司积极对接长三角水上旅游等，以邮轮旅游带动全域旅游。

关于两岸邮轮直航，交通部已出台 11 项举措，鼓励支持两岸资本进行邮轮直航，但目前仅可就单船次，特批包船开设相关航线，且审批耗时较长。建议交通部进一步下放审批权，对注册在邮轮旅游实验区，所有权为国内资本的邮轮，开展台湾航线常态化审批管理。

## 五、区域邮轮旅游协同发展

邮轮旅游的全球化和区域化特征决定了邮轮旅游必须在区域内协同发展。随着邮轮旅游在跨境旅游中所占比重的提升,这已成为未来区域经济合作的一个崭新领域。成熟的邮轮旅游发展区域如加勒比海地区和地中海地区,在邮轮旅游协同发展方面有很多成功案例,欧洲和日本也有不少经验可资借鉴。例如,挪威、瑞典、丹麦、德国、波兰、立陶宛、拉脱维亚、芬兰及俄罗斯等国家的 20 个沿海城市,为了提高本地区整体的游客服务接待水平,于 2004 年共同发起了名为"航游波罗的海"的计划。这个计划的推进,不仅使波罗的海沿岸国家接待来访旅客的能力大为提高,同时也使该计划逐渐发展为一个区域合作联盟,不断推动着波罗的海邮轮旅游目的地的发展。

2003 年 VJC(Visit Japan Companion)成立,它通过一系列对外的营销及推广使到访日本的邮轮数量以及邮轮旅客人数不断增加,而其知名度也不断提升,并使国际邮轮协会重点推荐其国内的港口作为远东地区主要的邮轮挂靠港。

邮轮旅游发展实验区和几大邮轮母港城市关于促进邮轮产业发展的政策和制度创新应辐射到其他邮轮母港所在城市。如邮轮口岸入境 144 小时及入境 15 天免签政策应全面复制推广到各邮轮港口所在城市,提升区域邮轮旅游的竞争力。

## 六、试点邮轮旅游服务贸易统计监测系统

为做好邮轮旅游服务贸易创新试点工作,需建立特殊的邮轮旅游服务贸易统计监测制度,通过重点样本企业进行试统计,并建立外汇管理局、统计局、税务局、旅游局、交通委等部门邮轮产业(服务业)统计数据共享和交流制度。

总之,发展邮轮旅游服务贸易一方面需要加强专项统计工作,另一方面需要进一步开放邮轮相关服务业,此外,发展邮轮制造业和船供业可大大带动邮轮旅游服务贸易的发展。

## 第四章

邮轮产业政策及制度创新

从全球价值链的角度看邮轮的货物供应和服务供应，实际上就是一种新的贸易业态。给大型邮轮直接供货和提供服务中间环节少，供应量大而集中，品种多且附加值高，既扩大内需又促进外贸。邮轮母港实现邮轮物品的全球资源配置需要简便的出入境手续、最少的进出口限制、税费优惠等。目前，中国邮轮经济的发展与客运量严重不成正比，邮轮母港应有的补给功能尚不能很好发挥，服务水平还有待于提高。由于体制机制的障碍，国际邮轮物资配送仍集中在釜山、日本、新加坡甚至是越南等地。邮轮相关的航运服务和旅游服务仍需要进一步对外开放。

本章将重点探讨：自贸区的成功经验和制度创新如何进一步复制推广到中国邮轮旅游发展实验区，上海空运港、货运港、邮轮客运港如何联动发展；在中国邮轮旅游发展实验区和示范区内如何进一步完善中国邮轮产业政策体系，提高母港建设和管理能力，提升邮轮产业服务品质，培育本土邮轮服务力量，扩大邮轮经济产出水平；学习借鉴国内外先进经验，做好邮轮产业发展的制度创新。

## 第一节　我国邮轮产业政策概述

邮轮旅游作为新兴业态，因其发展速度快、附加值高、对地区经济带动辐射效应强等特点，已成为旅游休闲行业发展速度最快的新业态，而且作为沿海地区产业转型发展的风向标，受到国家及地方政府的大力支持和扶持。中央和邮轮港口所在省份地方层面都高度重视邮轮产业的发展。相继出台制定了一系列有利于邮轮产业发展的政策、法规和部门规章。由于邮轮产业链是全球性的，而且涉及船舶制造、港口建设、邮轮运营、通关等多个环节,这种复杂性决定了我国邮轮旅游产业不可能单独依靠国内自身的市场、企业以及资本的运作快速成长起来。邮轮全产业链发展对内不仅需要众多主管部门密切配合,还需要政府、企业、行业协会和科研院所之间加强互动交流;对外需要进一步开放市场,加强邮轮旅游业的国际交流与合作也非常重要。国家层面的顶层设计中包括各类专项规划、总体指导性意见和规范性文件,各部委出台的支持邮轮产业发展的相关政策,相关部委联合出台的文件等。地方政府也纷纷通过地方性的规划、立法和部门规章等方式来支持和引导邮轮产业的发展。

# 一、国家层面

国家层面支持邮轮产业发展的往往是一些原则性和指导性的文件,有国务院,也有各部委,有的是专项规划和规范性文件,有的是综合性的,有的是一个部门单独发文,有的是联合发文。大体可归纳为以下五类:第一类,国家文化和旅游部(原旅游局)对 6 个中国邮轮旅游发展实验区做出的批复意见;第二类,邮轮旅游、沿海邮轮港口布局等专项规划或综合性的规划;第三类,第二批 4 个沿海自贸区建设总体方案;第四类,各部委支持邮轮产业发展的文件;第五类,多部门联合发文。

# 二、地方层面

## (一) 省市级层面

近年来,在国家推进邮轮产业快速发展的大背景下,地方政府也高度重视邮轮旅游产业的发展,纷纷出台了一系列鼓励政策、法规与规划。目前以大连、天津、青岛、威海、烟台、上海、福州、厦门、广州、深圳及三亚邮轮港口为核心,重点发展本土邮轮企业,培育本土邮轮文化,主动对接国际邮轮旅游规范,探索建立邮轮旅游的中国标准。在此基础上,各地还积极构建邮轮产业链,拓展邮轮航线,丰富邮轮旅游产品,加快推进各区域邮轮母港建设,吸引更多资源,努力打造邮轮旅游的"亚洲品牌"。

## (二) 区级层面

上海吴淞口国际邮轮港由区级财力支持一期和二期邮轮码头建设,在产业政策和资金扶持上全国领先。为支持邮轮产业发展,把邮轮旅游"过路经济"转化为母港所在地"产业经济",宝山区坚持在邮轮产业链延伸拓展上做文章,先后引进上下游企业 50 余家,于 2018 年推出了支持发展邮轮经济的产业政策。从 2018 年起,宝山区财政将每年拿出不少于 1 亿元,3 年不少于 3 亿元,在打造具有全球影响力的邮轮企业总部基地,建设具有全球竞争力的邮轮母港,构筑全产业链的邮轮经济发展高地,推动产城融合区港联动发展,优化邮轮经济发展的营商环境这五大方面给予奖励和扶持,为上海邮轮产业发展提供更强的动力。

2018 年 2 月,宝山区政府出台的《关于加快宝山邮轮经济发展的实施意见》中指出,主动对接上海自贸区和自由贸易港建设,建立健全体制机制,为邮轮企业提供更优的发展环境,加快形成产业集群,全面推进邮轮经济发展和邮轮滨江带建设。

广州南沙邮轮港是广州自贸区的片区。2018 年 9 月自贸区南沙片区管委会出台了《广州南沙新区(自贸片区)促进旅游产业发展扶持办法》和《广州南沙新区(自贸片区)促进邮轮产业发展扶持办法》,以此推动当地邮轮产业的发展。

## 第二节　中国邮轮旅游发展实验区建设制度创新①

### 一、中国邮轮旅游发展实验区

中国邮轮旅游发展实验区是指由原国家旅游局批准设立的,依托当地丰富的港口资源、旅游资源和区位优势,以邮轮母港建设为核心而成片开发的面向国内外游客的集旅游运营、餐饮购物、免税贸易、酒店文娱、港口地产、金融服务等于一体的综合服务区。截至目前,我国已设立 6 个国家级邮轮旅游发展实验区。国家文化和旅游部成立后批准在上海建立中国首个邮轮旅游发展示范区。邮轮旅游发展实验区的功能定位要求以推进完善邮轮产业政策体系、促进母港建设管理能力、提升邮轮产业服务质量、培育本土邮轮服务力量、扩大邮轮经济产业水平等为主要内容,在重点领域加强研究,探索实验,并与其他邮轮旅游城市积极配合,为我国邮轮旅游持续、快速、健康发展不断积累经验,充分发挥示范功能和引领作用。

---

① 根据中国交通运输协会邮轮游艇分会《2017—2018 年中国邮轮发展报告》及公开发布的资料整理。

2012年9月（上海）中国邮轮旅游发展实验区成立。2013年4月天津邮轮（滨海新区）旅游发展实验区成立。2016年5月深圳（蛇口）邮轮旅游发展实验区成立。2016年5月青岛邮轮旅游发展实验区成立。2017年7月福州邮轮旅游发展实验区成立。2017年8月大连邮轮旅游发展实验区成立。各邮轮旅游实验区结合当地邮轮经济发展情况，不断摸索，互相学习，出台了一系列制度创新举措。

## 二、中国邮轮旅游发展实验区的制度创新

邮轮旅游是我国支持发展的一种商旅文体综合性的新兴业态。设立中国邮轮旅游发展实验区，为探索、完善现代的、科学的产业体系提供了条件。其重要意义在于：第一，为我国现代的和科学的邮轮旅游产业体系建设提供先行先试的实践机遇；第二，为我国邮轮旅游产业可持续发展、少走弯路提供经验与启示；第三，为挖掘潜在市场和充分利用已有产业和环境资源"创新驱动、转型发展"提供一个范例。发挥实验区的示范功能和引领作用，为全国邮轮旅游产业发展积累经验。目前，各个邮轮旅游实验区在建设过程中已经做出了较多的尝试和创新，主要包括以下几个方面。

### （一）完善邮轮旅游发展实验区的基础设施和配套设施建设

邮轮旅游实验区应当是更高效的邮轮接待和服务示范区，进一步完善优化邮轮码头岸线、配套用地及关联产业资源，推进邮轮产业基础与配套设施、水上安全监管设施设备、口岸查验与警务安全设施设备、配套环境和产业项目建设。

1. 完善实验区核心区规划

以邮轮母港客运大厦及码头区域为中心设立实验区核心区。按照实验区功能定位和市场需求，完善实验区核心区各项规划。

2. 完善港口设施建设

①继续完善邮轮母港码头功能。为满足国际邮轮停靠艘次及进出境游客逐年增加的业务发展需要，加快完善相关码头设施设备建设。②提升邮轮母港使用效益，优化邮轮母港业务布局，完善客运功能。③优化邮轮母港客运大厦功能。在保障邮轮游客快速、便捷通关的基础上，丰富免税商品种类，完善对游客的便利服务设施，包括货币兑换店、旅游商店、餐厅、咖啡厅、船员休闲厅、贵宾服务厅、邮轮体验店、票务销售中心和精品展示店等。进一步提升写字楼配套功能，吸引邮轮旅游产业相关企业和机构设立办公区。

### 3. 完善港口周边商业配套服务功能

逐步完善实验区核心区基础设施，打造集邮轮综合服务、休闲度假、购物观光、居住办公于一体的邮轮产业综合体，形成以邮轮母港为主导的"母港－旅游－城市"产业集群和集成一体化发展业态。

### 4. 完善实验区内外交通配套和周边路网建设

完善实验区内道路交通系统，在通往实验区核心区的道路、桥梁上，合理设置交通标志牌，为车辆行驶、导航提供便利。开通和适当增加实验区核心区至客运总站、国际机场、火车站和市区的公交专线，便于游客往来邮轮母港区域旅游、休闲和观光。

## (二) 建立保障机制，完善产业发展政策

### 1. 加强组织机制建设

建立实验区建设推进机制，由政府分管领导牵头，涉及旅游局、发展改革委、商务委、交通运输委、口岸办、公安局、财政局、海关、出入境边防检查总站、检验检疫局、海事局、保税港区和邮轮港口运营企业等部门。主要任务是负责推进实验区总体规划的编制，研究制定邮轮产业发展重大政策，创新邮轮产业发展体制机制，完善邮轮产业发展环境，引进重点邮轮产业项目，研究邮轮游艇产业发展资金的使用等事关实验区建设发展的重大问题和全局性工作。

### 2. 争取国家政策、法律支持及中央事权下放

这主要包括：①争取 72～144 小时邮轮口岸过境免签政策。②争取邮轮旅游航线审批下放和优化等政策。争取有关部门对邮轮母港新开辟的航线给予特批政策，简化到台湾等地区航线的审批流程。③争取邮轮吨税优惠政策。协调财政部、海关总署等国家部委，对运营母港航线且在实验区注册的邮轮企业给予吨税减半政策支持，对于访问港邮轮实行免征船舶吨税的政策。④争取入境购物免税政策。扩大邮轮母港免税店经营范围，对乘坐邮轮经由邮轮港口入境的境内外游客，可在邮轮母港免税店购买符合退税条件的物品入境。⑤争取无目的地邮轮线路许可政策。争取交通运输部、公安部等国家部委支持，以实验区为试点，允许国内邮轮公司运营无目的地邮轮旅游航线。

### 3. 制定支持邮轮旅游产业发展相关政策

①复制推广自贸区制度创新中对发展邮轮旅游有利的政策，积极探索与境外邮轮服务企业组建合资企业，在邮轮旅游服务、邮轮人才培养、邮轮物资供应等方面先行先试。②利用港口原有的在国际航运功能区的政策，以及国际船舶登记制度、融资租赁等制度创新，吸引邮轮公司、配套产业企业和机构在实验区

内注册经营。③充分利用保税港区和海关特殊监管区域的功能政策,对从境外采购入区的货物予以保税,只检疫不检验;对从境内区外采购入区的货物视同出口,实行退税;对保税港区内企业之间的货物交易,不征收增值税和消费税。在政策允许的情况下,对提供的国内货物运输服务、仓储服务和装卸服务,实行增值税即征即退。④加大对邮轮游艇产业发展的资金支持力度。资金来源由市、区两级在财政预算中统筹安排,如天津每年不少于1000万元,连续支持3年。上海宝山区设立了每年不少于1亿元的邮轮产业发展扶持资金,支持邮轮产业发展。

**4. 充分发挥行业协会的作用,支持邮轮会展业的发展**

积极参与行业政策和产业发展规划的制定,搭建政府与企业沟通的桥梁,打造邮轮企业发展交流平台,引导邮轮服务经营单位加强行业自律,开展人才培训,提高行业专业服务水平,促进行业发展。

## (三) 大力发展和规范邮轮旅游业,优化营商环境

**1. 促进邮轮产业集群,支持邮轮全产业链发展**

①吸引国内邮轮公司在实验区内登记注册,鼓励国际邮轮公司在实验区设立经营性机构,支持邮轮公司开设新航线。②鼓励在实验区设立邮轮专业旅行社,吸引中外旅行社设立经营性机构或分支机构,引进国内外邮轮代理公司等中介机构,鼓励和吸引社会资本参与邮轮产业发展。③支持邮轮港口运营企业的发展,参照国际邮轮港口的运营管理经验,采取灵活经营的方式,积极开展多元化的业务。④促进邮轮要素集聚,鼓励和吸引邮轮研发制造及其他配套企业落户实验区。鼓励从事邮轮研发制造及维修、会展、商务、酒店、餐饮、通信、快递、咨询服务、信息服务、会计服务、法律服务、金融保险、物料供应等配套服务企业或机构在实验区注册经营。

**2. 加强国际合作与宣传,丰富邮轮旅游产品**

加大邮轮旅游宣传推介力度,加强邮轮旅游区域合作,加强与日本、韩国、俄罗斯等国家和中国台湾等地区邮轮港口城市的旅游合作,推动实现互为邮轮母港。联合开发邮轮旅游地接产品,加强国内主要邮轮港口城市的合作。引导、支持旅行社积极开发国际邮轮访问港旅游产品,重点开发具有地域文化特色的国际邮轮访问港岸上游旅产品。增加消费型旅游产品,在实验区内通过招商引资,建立中国旅游纪念品和特产购物中心以及免税商店,满足国内外邮轮客"一站式"购物需求。推动完善母港邮轮旅游产品,增加到达港口城市数量,丰富线路选择。例如,2017年6月,南方航空和云顶集团达成"空—港"一体战略合作,首

创亚洲"机票＋邮轮＋旅游"跨界合作新模式,助力广州打造世界级邮轮母港及旅游中心。

3. 建立健全行业标准和机制,引导邮轮旅游规范发展,建成全国邮轮旅游标准化示范区

建立健全以游客评价为中心的邮轮旅游评价机制,探索建立社会组织、邮轮公司、邮轮码头与旅游企业相结合的邮轮旅游纠纷快速调处机制。树立行业标准,建立邮轮旅游服务质量监管体系。健全和完善邮轮旅游投诉处理机制、邮轮旅游突发事件应急处理机制、邮轮旅游服务质量反馈机制、邮轮旅游产品评价机制,实现邮轮旅游服务质量监管体系建设的目标,构建邮轮旅游公共信息综合服务体系。

4. 优化邮轮旅游环境,提升旅游服务水平

①简化国际邮轮人员进出境联检手续。对从邮轮入境短期逗留的游客,依照国家政策实行短期免签或落地签。对国内来船,在边检预检正常、没有游客离船的前提下,船方不需集中交验游客护照。依托国际航行船舶电子查验系统,实行电子申报、审批的新通关模式,逐步推进邮轮通关无纸化。简化母港邮轮外籍船员临时入境手续。②改进邮轮物品通关流程。对入境邮轮检验检疫实行分类管理,按照不同风险等级采取相应的检疫模式。对检疫预申报和边检预检情况正常、风险较低、符合检验检疫要求的入境邮轮,在船舶靠泊后检查结束前,经边检、海关许可,允许行李先行落地作业。推动海关、检验检疫、港口部门对行李物品查验实行"一机多屏"。③加强国际邮轮通关保障。对国际邮轮进出境实行24小时通关保障,先办理国际邮轮及船员相关审批事项,港口、海事、引航部门优先安排国际邮轮的靠泊、离港作业。邮轮靠泊后,在预申报正常的情况下,游客和船员即可下船办理入境、入港手续,缩短在港停留时间。

## 三、中国邮轮旅游实验区已形成可复制推广的经验

### (一) 创新邮轮口岸的监管机制

#### 1. 邮轮口岸旅客通关便利化

上海和广州两地推行"诚信船舶通关零待时"等新机制,在风险评估后,有针对性地实施随船检疫,在国际邮轮进港靠泊前的航行途中实施入境卫生检疫,加快邮轮通关验放和靠港作业速度,同时推行"自主通关、智能分类、风险选查"的智能化旅检通关模式,依托码头行李分拣线对行李进行快速分拣,旅客可在登船

时5分钟内办理完成行李托运手续,大幅提高通关效率。

上海针对保税船供探索"保税船供＋分流查验＋门到门查验"等便利举措,设立国际邮轮港专用保税仓库,将通关时间由1周缩短为2天,并将每小时通关能力提升至2500人次。广州通过优化检疫监管提升国际邮轮服务水平,经风险评估,针对性地实施随船检疫,在国际邮轮进港靠泊前的航行途中实施入境卫生检疫,加快邮轮通关验放和靠港作业速度。南沙邮轮口岸推行"出入境船舶24小时随到随检""邮轮过境旅客免办边检查验手续"等便捷通关服务,创新搭建"CII易检服务平台",船舶作业实现"零待时",大幅提高了口岸通关效率,推动建设亿级人脸、指纹比对中心系统,推进口岸信息化综合服务能力。南沙边检稳步推进港口边检管理改革,发挥"大数据"和"大情报"的优势,进一步优化完善邮轮管控系统,落实各项便民服务措施,推进生物识别签证项目在南沙口岸实施,努力营造更加安全、高效、便捷的口岸通关环境。

2. 国际货柜在邮轮港过境直供

2015年上海出入境检验检疫局发布《过境供邮轮食品供应链检验检疫管理规定(试行)》,2016年7月上海出入境检验检疫局发布《关于支持上海邮轮产业发展若干意见的公告》,2016年10月,国家质量监督检验检疫总局发布《出入境邮轮检疫管理办法》,自2017年1月1日起施行。2017年上海出入境检验检疫局在年度工作计划中提出"提高非侵入、非干扰式查验比例,简化邮轮通关手续,试点邮轮电讯检疫"。上海出入境检验检疫局推出全国首个邮轮检疫监管综合性检查方案,试行邮轮卫生指数(CQI)检查机制。海关、检验检疫对于国际邮轮货柜转运采取一次开箱模式,简化了流程。

上海的经验在其他邮轮旅游实验区得到推广和深化。2017年6月,厦门对国际邮轮船供采取进口直供、保税供船模式,对进境后需直接转运至指定邮轮的船供食品,在满足监管要求的前提下,只检疫、不检验,发挥海关特殊监管区域内的保税仓储优势,实施关检一站式作业。2017年6月,在青岛邮轮母港,由船公司在全球统一采购的物资,在邮轮靠泊之前通过集装箱运至大港保税库,邮轮靠泊当天将集装箱运至邮轮港口,在码头现场进行拆箱供船,由海关、检验检疫、码头三方共同监督所有集装箱内物资全部上船,开展进口集装箱邮轮物资船供直通车运营模式。

3. 邮轮运营多部门协调应急保障机制

为建立健全应急管理机制,落实国际邮轮应急保障常态化工作机制,上海制定市级层面的应急总预案和各应急单元专项预案,确保应急救援体系高效运作。加强邮轮运营保障能力建设,进一步提高对大雾大风等灾害天气的监测、预报和预警能力。进一步落实邮轮公司运营安全、旅行社旅游安全的主体责任,督促其完善各类应急预案,经常开展应急演练,切实提高应急处置能力。

为保障邮轮航行安全,促进行业健康发展,天津、青岛、厦门、三亚等七地海事部门在津共同签署《关于成立国际邮轮海事合作机制的倡议书》,呼吁海事部门建立信息互通、资源共享、问题同解的合作联动机制。七地海事部门从进出口岸查验、通航环境维护、船舶安全检查、海上应急搜救等方面,努力为邮轮经济发展提供安全保障。邮轮安全监管的标准如何统一、恶劣天气下如何保证邮轮通航、如何强化对邮轮公司的管理、如何预防邮轮安全问题的发生等问题的解决,迫切需要一个有效的合作平台。因而,在创新邮轮运营联动的保障机制方面,还需要进一步的工作,来及时协调解决有关水上交通安全问题,推动海事监管区域合作,促进邮轮产业链延伸,促进形成"标准统一、信息互通、资源共享、问题同解"的合作机制,共建促进邮轮产业安全发展的生态圈。

### (二)进一步规范邮轮旅游市场

#### 1. 邮轮旅游示范合同

上海市工商行政管理局和上海市旅游局共同制定了《上海市邮轮旅游合同(示范文本)》(2015 版),要求在发生不可抗力情况时,邮轮旅游经营者要告知消费者改变内容,同时对风险分担原则有所涉及。2015 年 9 月 20 日,在吴淞口国际邮轮港,上海携程国际旅行社有限公司等五家知名旅行社与游客签订了《上海市邮轮旅游合同(示范文本)》(2015 版),该范本为全国首份规范邮轮旅游经营活动的示范文本。

示范合同约定,当发生延误或不能靠港等情况时,旅行社应当及时向游客发布信息,告知具体解决方案。对行程前发生不可抗力的,游客在合同中可选择继续履行合同或者解除合同。合同区分了行程前或行程中发生不可抗力两种情况,分别设定了延误不足一天、无法停靠目的港以及自然天数减少三种情形的处理方式:如延误不足一天,则由当事人在合同中事先约定退还旅游费用的金额;如无法停靠目的地港口,旅行社应退还该港口的港务费以及未发生的岸上观光费用;如行程自然天数减少,旅行社扣除已实际支付且不可退还的费用后,按照减少行程的自然天数所占计划行程的百分比退还旅游费用。如果旅客不同意邮轮行程变更或取消部分停靠港口等约定,解除合同,旅行社应当在扣除已实际支付且不可退还的费用后,将余款退还。

另外,示范合同对擅自转团进行了约定,并强调了旅行社的责任。合同明确,旅行社未经游客同意,擅自将旅游业务委托给其他旅行社的,游客在行程前

（不含当日）得知的，有权解除合同，旅行社应全额退还已收旅游费用，并按旅游费用的 15% 支付违约金；游客在行程开始当日或者行程开始后得知的，旅行社应当按旅游费用的 25% 支付违约金。

### 2. 邮轮旅游经营规范

2016 年 6 月 21 日，上海市旅游局和上海市交通委联合发布《上海市邮轮旅游经营规范》，首次对邮轮旅游经营主体和旅游者关系等进行了明文规定。该规范对邮轮旅游产品实施分类规范，将邮轮旅游产品区分为两大类，即包价旅游产品和船票销售，无论是包价旅游产品还是单船票销售，均设置了资质要求。单船票销售允许邮轮公司在国内设立的船务公司直接销售邮轮船票，也可以委托取得国际船舶代理经营资格登记证书的有资质的经营主体销售邮轮船票。经营出境包价邮轮旅游业务或者代理销售包价邮轮旅游产品的，应当取得旅行社经营出境旅游业务许可。

该规范的核心制度设计是"两个功能、三个合同"。"两个功能"指邮轮兼具旅游目的地和交通工具两种功能。"三个合同"指该规范用三种合同关系梳理、界定了邮轮旅游的主要法律关系。

（1）邮轮船票，即邮轮公司与旅游者之间的合同关系。邮轮公司向旅游者销售邮轮船票，构成了一种合同关系。这种合同关系以船票为体现形式。用船票来明确、体现邮轮公司与旅游者的合同关系，得到绝大多数意见征求单位的认可，也符合邮轮业和船舶客运业的长期惯例。旅行社代理邮轮公司进行船票销售，为委托代理行为，其行为法律后果仍由邮轮公司直接承担，不改变邮轮公司与旅游者之间的合同关系。

（2）邮轮船票销售和代理。邮轮公司和旅行社应当就邮轮船票销售和代理签订书面合同，以便明确双方的委托代理关系。船票销售代理模式无论是单卖船票还是"切舱""包舱"，只是船票销售数量和付款方式的差别，只要不将船票包成一价式的包价旅游产品，均不改变船票销售的委托代理的基础法律关系。

（3）邮轮旅游合同。旅行社将邮轮船票和岸上观光活动打包成包价旅游产品向旅游者销售的，构成《旅游法》所称的包价旅游产品，应当与旅游者签订包价旅游合同。

对于旅游者的权益保障，该规范做了多方面的制度设计。

（1）按照中国旅游者的消费要求和习惯，对邮轮设施、设备的设置做出要求。如第六条：邮轮上与旅游者安全相关的设施、设备、安全标识、使用说明等有文字说明的，应当配置中文说明。

（2）针对长期以来邮轮公司不提供中文文本的弊端，要求邮轮旅游中的各类文本应提供中文文本。

（3）对三种合同的条款内容做了规定，强化对旅游者权益的保护。

（4）维护司法主权，对以司法管辖方式限制中国旅游者合法维权渠道的做法加以调整。如第十一条规定：船票应从有利于解决邮轮消费纠纷角度出发，充分考虑连结点的关联性，按照便利中国旅游者维护合法权益的原则确定司法管辖地和适用的法律。

（5）要求以重要合同条款说明、行前说明会等多种方式履行特殊告知义务，使旅游者正确认识、理解邮轮旅游，减少纠纷产生。

（6）明确了邮轮旅游纠纷处置的企业责任主体。该规范明确了旅行社代理销售、购买邮轮船票产生纠纷的处置主体，明确了包价邮轮旅游产品产生纠纷的处置主体。规定邮轮旅游合同服务发生纠纷的，由组团社牵头负责纠纷解决。因邮轮公司的原因造成旅游者人身损害、财产损失的，或者因邮轮航程取消、变更发生纠纷的，由邮轮公司牵头负责纠纷解决，旅行社应当协助纠纷解决。

3. 试点邮轮船票制度

实行邮轮船票制之前，邮轮产品主要以旅游产品的形式在市场上销售，旅客都是与旅行社签订旅游合同，邮轮船票被隐形化，邮轮公司与乘客之间旅客运输合同的关系也随之被淡化。邮轮公司、旅行社和邮轮乘客之间缺少一个明确各方责任、履行告知义务的具体载体，导致邮轮乘客普遍不清楚船票的存在及其作用和功能，更不知道邮轮船票背面条款所列示的责任归属，一旦出现台风等不可抗力情况下变更航线，将导致乘客、旅行社、船公司三方争议和纠纷不断。

为更好地维护游客的合法权益，培育健康发展的邮轮旅游市场，交通运输部深入调研、积极探索，于 2017 年 10 月 31 日复函同意在上海吴淞口邮轮港开始试点邮轮船票工作。2017 年 12 月 23 日，市交通委、市旅游局、上海边检总站联合发布了《关于上海试点邮轮船票制度的通知》（沪交航〔2017〕1464 号），明确分三个阶段开展试点，并细化了各阶段的任务。上海市交通委联合宝山区政府等部门通过健全机构、职责到岗、建章立制、规范船票格式、研发系统、强化培训、完善信息报送、阶段评估、创新服务载体多措施开展并严格按照时间节点完成各阶段邮轮船票试点工作。经过 10 个月的试点，邮轮船票制度在安全管理的支撑、服务质量的提升、通关与船效率的提高、游客权益的保障、销售模式的转变等方面取得初步成效。

邮轮船票试点以来，上海邮轮旅游产品的安全性、便利度、舒适度都得到了明显的提高，游客的权益得到了更好的保障，体验感和满意度有所提升，产品的销售模式得到改进，对于维护正常的市场秩序起到了积极的作用。今后要继续优化凭票进港管理,进一步完善信息报送机制,探索电子船票制度,搭建统一信息平台,鼓励拓宽销售渠道,推动邮轮经济向健康的可持续发展的方向迈进。邮轮船票制度试点以来得到业界的一致好评。

邮轮公司也认为邮轮船票制度具有突破性和创新性。邮轮船票理清了乘客与邮轮公司间的法律关系,可以在邮轮出发前将船票这一运输合同相关的权利义务及时有效地传递给乘客。在线值船措施也有效提升了通关效率以及乘客的体验度。邮轮船票带来的销售模式的转变,促进了邮轮公司直销比例的上升,解决了销售渠道受制约的瓶颈问题。试点邮轮船票制度以后,船票主体的确认对上游的邮轮公司和下游的分销商以及代理的包船批发商都是一种保护,将原有的责、权、利通过船票的确认进行明确,也是对最终游客权益的维护和保护。72小时单一窗口申报也有效提高了邮轮预订的信息准确性。

从游客的角度来看,试点邮轮船票很方便,自己在家即可打印,然后凭船票进港,轻松地进免税店购物、出境上船。试点邮轮凭票登船制度之前经常有超卖现象,导致游客不能上船,现在船票提前拿在手里,游客就多了一层安全保障。

邮轮船票制度的全面推广,还有利于提高旅客的通关效率、安全度和体验感,有助于规范邮轮行业的一体化管理,改善邮轮旅游行业的营商环境,从而促进全国邮轮旅游市场的健康发展。在上海邮轮船票试点工作经验成熟的基础上,2019年起,交通运输部拟在全国邮轮港口推广应用。

4. 设立邮轮延误综合保险

经上海市交通委批准及专家综合评选,环亚保险经纪公司率先推出上海市邮轮取消延误综合保险,这一举措获称2016年上海市促进现代航运服务创新项目。太平洋保险等公司也在积极研究和推出邮轮保险产品。

邮轮取消延误综合保险这一新险种在上海推出以来,发挥了良好的市场调节作用,对近30起因台风、大雾等天气原因造成的邮轮行程取消或延误事件进行了保险理赔,累计赔偿4 000余万元,涉及游客近10万人。其中,环亚作为重要的保险服务供应商,发挥了保险经纪人的协调服务优势,从邮轮游客的利益出发,提供了综合全面的服务,成立了专门的邮轮延误取消项目服务团队,开发了邮轮延误取消理赔查询系统,有效地化解了因邮轮旅游延误、取消造成的民事纠纷事件。这标志着上海创新运用保险市场化手段来协助邮轮旅游纠纷应急处置,解决了因行程延误和变更而造成邮轮游客不得已采取"霸船"行为的难题,也第一次明确了对邮轮航程延误和取消采取经济补偿的全国性标准,填补了上海国际航运服务的空白。这为加快推进上海国际航运中心建设,健全航运服务功能,发展航运服务业,优化航运市场环境,提高航运资源配置能力做出了贡献。

### (三) 优化港口服务标准体系

1. 推进国家级邮轮港口服务业标准化试点

上海市宝山区市场监管局积极对接区港联动战略,将推进国家级服务业标准化试点单位作为加快全区服务业发展、推动区域经济转型升级的重要举措,积极指导吴淞口国际邮轮港开展邮轮服务标准化体系建设,不断完善管理制度,全面提高标准化水平。

2018 年 9 月 11 日,由上海吴淞口邮轮港发展有限公司承担的国家级上海吴淞口国际邮轮港服务标准化试点项目顺利通过终期验收。全国首个邮轮港口服务标准化试点的成功验收,标志着邮轮港口服务标准化工作迈向新阶段。

在国内外邮轮行业发展迅猛的背景下,为进一步提高标准化建设水平和邮轮港口服务质量,吴淞口国际邮轮港承担了国家级服务标准化项目,成为宝山区唯一一家国家级服务标准化试点单位。此项目是提升公司运营效能,提高港口过程管理和服务水平,进一步为游客提供安全、高效、舒适、便捷服务的重要契机。

试点取得了显著成效:一是建立了一套符合邮轮要求、满足游客需求的邮轮港口服务标准体系;二是完善了应急体系、设备管理标准化和相关方满意度管理;三是提升了品牌效应、经济效应和社会影响力;四是牵头成立亚太邮轮港口服务标准联盟,将标准化建设理念向亚太区辐射,推动亚太邮轮产业标准化建设和发展。

2. 成立亚太邮轮港口服务标准联盟

在 2017 年亚太邮轮大会上,由上海宝山区市场监管局积极推动,上海吴淞口国际邮轮港、深圳招商蛇口邮轮母港、天津国际邮轮母港、厦门港务集团和平旅游客运公司、舟山群岛国际邮轮港、大连港运总公司、新加坡邮轮中心、环美邮轮码头这 8 家国内外港口结成标准联盟,在大会上共同发布《推进亚太邮轮港口服务标准化共同宣言》,标志着国内首次正式组成邮轮港口服务标准联盟,通过整合业内资源和社会资源,建立国际一流的亚太邮轮港口服务标准体系,促进亚太邮轮产业健康快速发展。联盟合作主要有以下五大目标:

一是牢固树立真情服务理念。国际邮轮港口是一个城市、地区和国家对外交流的重要窗口,承担确保旅客安全、便捷和愉悦出行并保障邮轮港高效完成港口作业的重要责任,通过不断完善港口服务设施,从而优化服务流程和品质,满足广大游客和邮轮公司的需求。

二是积极采用和推广国际先进标准。推动标准化成果的转化、运用和实施,持续提升港口运营能力和管理水平。

三是推动建立行业服务标准体系。围绕邮轮港口服务标准的制定、应用和完善等环节开展讨论和研究,凝聚共识,着力解决好邮轮港口服务的短板问题,整体提升亚太地区的服务能级。

四是不断加强港口合作交流。加强联盟成员间的合作交流,深化与区域内各国政府、邮轮公司、旅行社、行业协会及相关企业的沟通与协调。

五是建立和完善港口服务评价体系。完善与国际先进水平接轨的邮轮港口服务评价体系,以全面准确评价港口服务能力。

### 3. 建立邮轮变频岸电系统,推广绿色能源

2017 年 1 月,交通运输部印发《靠港船舶使用岸电 2016—2018 年度项目奖励资金申请指南》,2016 年建成的岸电设施可申请 60% 的设备补贴;2017 年建成的岸电设施可申请 50% 的设备补贴;2018 年 3 月 31 日之前建成的岸电设施可申请 40% 的设备补贴。

上海出台了《上海港靠泊国际航行船舶岸基供电试点工作方案》,对开展试点的码头企业的岸电设施建设费、电力增容费、船舶使用岸电所致的电费差价和运行维护费等进行补贴。

亚洲首套邮轮岸电系统——上海吴淞口国际邮轮港岸基供电一期项目已投运,这是目前世界最大邮轮变频岸电系统。据悉,这一岸电系统一年可实现替代电量 3660 万千瓦·时,减排二氧化碳 3.6 万吨。上海吴淞口国际邮轮港岸基供电项目整体建设共分为两期,全面建成后将覆盖 4 个泊位。一期项目覆盖 2 个泊位,容量 1.6 万千伏安,不仅可为用电频率为 60 赫兹的国际邮轮供电,也可为用电频率为 50 赫兹的国内客轮和货轮供电,实现了供电对象的全覆盖。上海还有 4 个电厂煤码头的岸电工程也相继完工。

上海交通管理部门会同发改、财政部门研究制定新一轮地方支持政策,拟进一步扩大岸电设施建设补贴支持范围,提高使用环节的补贴标准,便利岸电设施建设审批流程,提高港口企业、航运公司建设和使用岸电的积极性。

### (四) 推进邮轮全产业链发展

#### 1. 形成三大产业集聚

总结各邮轮旅游实验区在拓展邮轮全产业链方面的经验,重点在以下三大产业下功夫。

第一,形成邮轮制造和配套维修产业集聚。如深圳蛇口邮轮旅游发展实验区积极发挥港口在船舶制造方面的产业优势,大力引进国内外邮轮生产龙头企

业和配套企业,支持邮轮维修、配套企业发展,加快邮轮保养部件及配套设施设备的研发、制造、组装、加工、维修、装饰、保养等产业发展,形成邮轮维修及养护产业链。天津也积极建设邮轮配件产业基地,大力发展邮轮装备技术研究、邮轮设计、邮轮制造和维修等上游产业。

第二,培育壮大国际邮轮物资供应产业。如天津大力发展邮轮物料仓储和供应业务,制订邮轮物资生产、采购、储备、分拣加工、物流配送、信息管理等招商计划,吸引相关企业入驻实验区;大力推广国际邮轮公司物资采购目录和采购标准,积极发展邮轮物资交易、保税仓储和国际中转,使实验区逐步成为主要国际邮轮公司的全球采购配送中心之一;充分发挥中国邮轮用品采购联盟物资需求信息和邮轮物资交易平台的作用,加大国际邮轮物资供应力度。

第三,大力发展邮轮教育培训产业。加强与国际邮轮公司合作,建立产学研一体的人才培养机制,建立人才储备和输送平台。

2. 注重上中下游全产业链发展

(1)上游:发展本土豪华邮轮设计建造产业。过去 10 年,中国豪华邮轮游客数量急剧增长。中国豪华邮轮运营产业是一个万亿产值的广阔蓝海市场。由于豪华邮轮的设计制造和运营长期被西方发达国家垄断,中国的邮轮市场本土邮轮运营处于空白状态,具有极大的投资机会和产业前景。自主设计制造豪华邮轮成为中国邮轮产业的迫切需求。参照西方邮轮发展的历史,20 年以后,中国需要300 艘以上的豪华邮轮。2015 年 6 月国家发展改革委员会、交通运输部、国家市场监督管理总局、旅游局、民航局等六部委联合发布的《关于促进旅游装备制造业发展的实施意见》中,将"加快实现邮轮自主设计和建造"列为重点任务之一。

在邮轮产业链的上游,上海与中船集团合作,延伸发展本土豪华邮轮设计建造。2016 年 12 月,由中船集团牵头、吴淞口邮轮港公司参与设立的国内首只邮轮产业基金落户宝山,首期募集到 300 亿元的资金用于邮轮产业发展。2017 年2 月 22 日,中国船舶工业集团公司与美国嘉年华集团、意大利芬坎蒂尼集团签署我国首艘国产大型邮轮建造备忘录。

在国家大力支持及相关各方的通力合作下,国产大型邮轮设计建造进程正持续稳步推进。2018 年成立的中船集团控股的中船邮轮科技发展有限公司落户宝山邮轮产业园,将整合中船集团及国内外企业在邮轮设计、建造、配套、管理等方面的优势资源和能力,为面向全行业的邮轮设计建造提供整体解决方案,引领我国邮轮产业发展。2019 年 5 月,招商局邮轮制造有限公司与上海世天邮轮产业发展有限公司签订了"1+1+2"艘 3.7 万总吨豪华邮轮建造合同。这艘豪华邮轮是由世天邮轮与招商邮轮合作自主设计、自主建造,并将由世天邮轮安排运营的中国首艘豪华邮轮,对标世界上著名的中小型豪华邮轮银海邮轮和世鹏邮轮,定位为六星级豪华邮轮。该邮轮总长 204.2 米,宽 27 米,是 3.7 万吨级的小型豪华邮轮。该邮轮的设计方案中,有 12 层甲板,267 个海景阳台房。船上有豪华酒店、餐厅、豪华影视娱乐大厅、高级游泳池、豪华 SPA、豪华健身场地,还配置了罕见的深海潜艇,可以离船深潜 200 米,观看海底世界。

(2)中游:吸引邮轮企业入驻,形成邮轮产业集群。目前,国内首个国际邮轮产业园——上海中船国际邮轮产业园落户宝山工业园区,中船集艾邮轮科技发展有限公司等已成功入驻。该产业园旨在为中国打造豪华国际邮轮提供制造、运营、配套等服务。作为我国首个国际邮轮产业园区,其将借助上海吴淞口国际邮轮港的运营优势和上海外高桥造船有限公司的建造优势,不断完善配套延伸中国邮轮产业链。在中游,大力吸引邮轮总部型企业入驻。目前,歌诗达、地中海等邮轮公司纷纷落户,宝山已成功引进各类邮轮企业 50 余家,邮轮总部经济逐渐凸显。

(3)下游:全面提升邮轮服务。上海邮轮旅游发展实验区通过打造吴淞口邮轮服务品牌激发邮轮带动效应。2016 年,上海国际邮轮旅游服务中心正式成立,积极推动邮轮保险、邮轮直通车和邮轮便捷通关条形码等服务,携手上海文广互动传媒,打造全国首档邮轮专属栏目——《目的地! 邮轮!》。2017 年 3 月,上海吴淞口邮轮港还推出了乐购仕(日本免税店)跨境电商项目,打造"境内下单、境外提货"的邮轮旅游全新购物模式。在邮轮旅游的带动下,2017 宝山旅行社、旅游饭店和旅游景点接待游客 1 303.11 万人次,实现旅游总收入 115.08 亿元,分别同比增长 15% 和 4.5%。

## 第三节　我国邮轮产业政策和法律制度不足之处

由于邮轮产业的复合型和全球性,我国邮轮产业政策和法律还不能完全适应这一新业态。邮轮的要素包括船、港、货、人这几方面,与一般的船舶有很大差别,因为邮轮已经不是单纯的运输工具,不能按照传统的运输工具的管理模式来管理。同样,邮轮港口、货物及游客与传统意义上的港、货及人也不同。进一步优化邮轮产业政策要解决如下几个问题:一是母港如何进一步提升游客出入境、登船便利度,访问港和过境港如何优化旅游环境,打造世界一流的邮轮旅游目的地,吸引更多外籍游客入境及消费;二是如何做好邮轮补给,根据邮轮四大采购流特点,让逆向采购流(维修保养物品、邮轮废弃物处理)顺利开展;三是如何通过邮轮旅游带动游船、游艇等水上旅游产业的发展。

## 一、邮轮船舶、船员制度

我国现有的邮轮购置税制、邮轮注册和登记制度不适合邮轮产业发展。发展本土邮轮船队,需要符合国际惯例,具有国际竞争力的船舶购置、注册、管理制度,包括船员管理制度。目前,进口邮轮国家需征收 5% 的进口关税和 17% 的进口环节增值税,船龄超过 10 年不准进口。这不符合国际惯例。所以,中国企业购买的邮轮不愿(或不能)在中国注册,中资邮轮无一例外都是悬挂国外注册地的旗帜,因为在这些避税天堂可以便捷管理,降低成本。国外邮轮也大多注册在巴哈马、利比里亚等地。此外,我国现行的船员管理制度也不能适应邮轮发展的需求,如比照货轮管理,设定中国船员配备限制显然不符合邮轮运营模式及对邮轮工作人员、船员身兼多职的需求。

## 二、邮轮船供制度

目前,国际各大邮轮公司大多采用全球采购、定向配货配送方式,统一供应分布在世界各地的邮轮。如果口岸监管如海关和检验检疫部门按照"先进口、再出口"的贸易方式进行,非疫区食品入境审批流程不适应邮轮食品种类多、数量少、变化快、供应急的特征。一些邮轮所需的食品,如美国产牛肉,按照国家规定禁止进口,根本无法实现邮轮供应,即使是可以进口的食品,按照进口监管,检验检疫流程也较为复杂,一般需要两个月左右。种种问题凸显出新兴行业需求和监管模式的矛盾。如果邮轮供应都在经停港,天气或者邮轮自身等原因都可能造成无法靠岸,国际邮轮无法在经停港靠港时,食品供应就很可能出现中断。因此,国际邮轮公司常常会选择经停日本、韩国的港口进行食品补给。这个瓶颈若得不到突破,中国邮轮母港的补给功能就不能正常发挥。上海邮轮产业乃至全国邮轮经济的发展,势必都会受到严重阻碍。

如果鼓励邮轮公司尽量在本地采购,中国的产品种类和各方面的供应应该是非常齐全的,有些海事供应的物品韩国和日本都不一定有。但是财政部、税务总局对邮轮船供退税尚没有配套举措。沿用船用货轮供应方式则全国只有两家企业可以享受船供退税政策,其他一些邮轮港口运营企业和民营企业实质上可以享受供邮轮船供退税政策,但享受面不广。这造成我国邮轮供应商的价格不具备国际竞争力,甚至国产的一些物品要先到香港地区或越南,享受出口退税政策后又被邮轮公司在外采购然后复运到中国邮轮港口。一些供应邮轮的清洁剂（用于清洗泳池等）、氮气（用于船上仪器）等被列为危化品不能供船。还有邮轮维修、电子废弃物和医疗废弃物处理都因比照货轮的监管而无法正常操作。按照我国现行法律要求和过境直供邮轮检疫监管制度，有些物品如疫区动植物源性食品是禁止入境的。

邮轮供应监管制度改革，其实就是针对邮轮经济的三个特点转变一个思路的问题。一个思路即如何理解过境概念。

"过境"等于进境加出境，还是平行于进、出境的概念而独立存在？一直以来，没有确切的官方定义。可是不管按照《中华人民共和国进出境动植物检疫法》有关条目章节，还是根据当今世界物流业发展趋势来看，"过境"是可以作为平行于进、出境概念而独立存在的。这一结论也决定了改革最终是否走得通、通向哪里。

首先，普通过境或出口货物贸易是集装箱不开封通过货轮运到国外，再经过诸多环节才能到最终买家或消费者手里，而邮轮却是货物上船后就直接被终端消费者消费了。国际法意义上，悬挂哪国国旗，国际航行的船舶则被视作该国移动领土。关键恰恰在于，悬挂我国国旗的国际航行的邮轮暂时还没有。对我国而言，一些国际采购的产品只是在我国过境，最终还是在境外领土（邮轮）上实现消费。所以需要转变的，只是监管的观念。如果不是按照进口再出口的方式，而是采取过境监管的方式，各方面的要求和流程会大大简化，通关效率也会大大提高。其次，过境物品供应邮轮具有种类多、总量少、变化大、供应快等特点，现行海关保税贸易监管方式和检验检疫审批式监管已不能适应其发展。最后，保税贸易监管方式所引发的强制进保税仓库的要求，监管制度不健全所引发的供应可行性不明确，集装箱滞留港口的仓储费用等，均带来很大风险，对邮轮供应的时效性和稳定性要求有致命的影响。灭火器、救生筏、清洁剂、船用仪器的气体等不能正常供应甚至严重影响邮轮的正常运营。在当前外贸形势下，鼓励中国制造、中国生产和中国种植养殖的各类产品供应邮轮，带动相关的服务业发展意义非常重大。

## 三、邮轮服务相关制度

邮轮服务涉及旅游服务和航运服务的对外开放，邮轮公司和外资旅行社不能经营出境游业务，造成邮轮出入境严重失衡，邮轮出境游品质受到很大影响。自贸区内允许外商设立独资船务公司，试点六大专业服务业对外开放，但这些政策并没有复制推广到邮轮旅游发展实验区。其他服务相关制度包括出入境的便利化服务、邮轮金融制度创新等都需要进一步完善，邮轮服务业发展所需要的特殊政策仍然需要深入研究。

例如，飞机、船舶都是运输工具，在操作境外飞机租赁项目方面，自贸区相关文件规定："允许将试验区内注册的融资租赁企业或金融租赁公司在试验区内设立的项目子公司纳入融资租赁出口退税试点范围。对试验区内注册的国内租赁公司或租赁公司设立的项目子公司，经国家有关部门批准从境外购买空载重量在 25 吨以上并租赁给国内航空公司使用的飞机，享受相关进口环节增值税优惠政策。"其中第一个政策优势是允许融资租赁公司在自贸区内设立项目子公司，并且开展境内外的融资租赁服务。融资租赁公司在自贸区内设立单船、单机项目子公司不再设立最低注册资本金限制，为内外资融资租赁公司在自贸区设立SPV（特殊目的机构/公司载体），对项目子公司降低了准入要求，从而为公平开展租赁业务提供了政策允许。第二是下放审批权限，对外商投资类融资租赁公司，包括商业保理公司，商务部门的审批权限已经下放至自贸区管委会，也就是自贸区经济发展管理局，为企业办理登记手续提供了便利。手续齐全的话在5 个工作日内即可完成融资租赁公司的审批手续。第三是实施促进贸易、租赁的税收政策，在试验区内注册的融资租赁企业或者金融租赁公司在试验区内设立的项目公司，都纳入融资租赁出口退税的试点范围。第四是允许融资租赁公司兼营与主营业务相关的商业保理业务，是自贸区对投资改革的进一步探索，没有纳入负面清单管理模式之内。第三方的商业保理业务处于备案状态。融资租赁是在负面清单管理范围内，融资租赁公司兼营与主营业务相关的商业保理业务还是处于审批的状态。权限在自贸区经济发展局，手续齐全的话，在 5 个工作日内即可完成审批手续，而在自贸区外融资租赁不得混业经营。邮轮产业的发展，特别是邮轮上游的建造业离不开金融的支持。而豪华邮轮的造价成本比普通船舶、飞机都高，世界上最大的邮轮"海洋绿洲号"25 万吨级，造价为 14 亿美元。为发展本土邮轮船队，采用融资租赁方式购买邮轮也需要同样的制度创新。

# 第四节　境外促进邮轮产业发展的经验借鉴

## 一、境外邮轮产业发展模式及产业政策

### （一）欧洲

2009 年欧盟委员会在"2009—2018 年欧盟海运政策战略目标和建议"的会

议中提出了战略目标,将关键领域具体化,提高部门竞争力,同时走可持续发展之路。欧洲议会强调了邮轮旅游对欧洲旅游部门增长的重要性,因此呼吁委员会与成员国一起评估资源需求、现有港口和航海基础设施,并使废物分类回收标准化,以智能港口城市概念为这些地区制定创新规划。

欧洲积极吸引邮轮公司参与码头运营,因为这些码头早期都是由当地港务局投资建设的,属于市政设施,政府通常不愿利用纳税人的钱加大投资建设,因此希望吸引邮轮公司入股邮轮码头,但由于劳工、土地和环保等多方面因素的制约,双方利益不一致很难达成合作。在实际操作中,港务局一般会采取租赁方式和邮轮公司合作,由邮轮公司建设码头设施,土地所有权归港务局,租期一般都在 25 年左右。例如,歌诗达邮轮公司在巴塞罗那的邮轮码头由歌诗达投资建设,港务局将其租赁给歌诗达,租期为 25 年,到期后所有设施归港务局所有,然后由港务局决定是否续租给歌诗达公司或者其他公司。

欧洲邮轮码头采取较为低廉的收费制度,收费较为简单,主要有码头使用费和乘客费。欧洲同一港口的不同码头或泊位之间的收费基本一致,同一邮轮航线上所挂靠的港口收费标准差异也不大。与亚洲港口相比,欧洲邮轮码头的总体费用相对较低,这有利于吸引更多邮轮公司更多频次地挂靠码头。需要指出的是,欧洲码头收费具有一定的灵活性。例如,邮轮挂靠货运码头时,遇到与其他作业船只撞期,由于邮轮船期紧张,通常码头会让邮轮优先靠泊,让出泊位的费用和其他作业船只的损失由邮轮承担。

邮轮公司的自有码头与公用码头运营存在着设施差异。以巴塞罗那和萨沃纳歌诗达公司母港的设施来看,候船厅内的商业设施规模非常小,主要原因是邮轮并不鼓励游客在岸上消费,希望游客在船上消费;那不勒斯和巴勒莫等公用码头的设施比较陈旧,但非常实用,可以很便捷地实现游客的集散;帕尔玛和马赛的情况也类似,仅在码头搭建简单的活动板房和免税店。但在部分公共码头,候船厅和商业设施的规模会比较大,码头倾向于吸引更多游客在此消费。

## (二) 美国

美国早在 19 世纪就出台了客船法,确立了一系列旅客权益保护制度。2010 年又出台了《邮轮安全法案》,其中包括对邮轮管理的要求、邮轮经营人的各项义务、邮轮上安全设施及措施等。邮轮所在港口城市也采取各种促进邮轮产业发展的举措,包括邮轮港口投资建设、运营管理、航线设置和港口服务等。以下以迈阿密为例加以说明。

1. 港区周边交通便捷，旅游资源丰富

迈阿密邮轮码头紧邻机场，交通服务便捷。迈阿密拥有两座国际机场，分别距离邮轮码头不足 10 公里和 50 公里，机场每天起降次数多达 1 700 架次，进出旅客 6 万多人次。在迈阿密登船的旅客有 80% 是乘飞机到达的，因此机场强大的运输能力为邮轮产业发展提供了保障和支持。迈阿密国际旅游业比较成熟，有 15 家国际大型邮轮公司在迈阿密设立了总部，完善的服务体系为来到迈阿密的旅客提供各种合适的旅游航线，满足其不同需要。而迈阿密著名的阳光海滩一直是吸引源源不断的旅客的重要因素，距离邮轮出入口不到 10 米就有海滨浴场，十分便捷。

2. 鼓励国际邮轮公司投资建设专用邮轮码头和航站楼，港口管理采取市场化运营方式

从 20 世纪 90 年代起迈阿密就对邮轮码头进行市场化运作，实施开放经营，与邮轮公司合作建设新码头。很多邮轮公司在迈阿密有自己的专属码头，而且邮轮公司注重港航一体化发展对产业链的积极作用，不断对码头基础设施进行新投资。据 2018 年 11 月的《邮轮志》报道，维珍邮轮公司计划在迈阿密港建造一个专用的邮轮码头，并将在 2021 年冬季开始在新码头开展邮轮运营业务。2018 年 7 月，迈阿密达德县与地中海邮轮公司签署了一项延长优先泊位权的协议，在迈阿密港新建 AAA 邮轮码头，新协议将原星期六的优惠停泊权延长到星期天。皇家加勒比也于 2017 年开始建设新的 A 航站楼，设施面积为 15 800 平方米。

3. 迈阿密政府与沿线城市政府密切合作，实施便利的多港挂靠政策

迈阿密采用多港挂靠吸引旅客，迈阿密旅游部门与航线沿途城市政府达成协议，提供多个国家登陆入境游。也就是说，游客持有本国护照和美国签证即可随时在沿途港口城市入境游玩而不必返船。

（三）亚洲

1. 日本

日本在交通部专门成立邮轮振兴室，做好邮轮靠泊的各项服务，包括提供港口设施信息、联系方式和观光信息。由于日本的码头多属于私人码头，日本政府为经营邮轮客运站等设施的公司建立免息贷款制度。虽然日本具有较为长久的邮轮市场发展历史，但是原有日本邮轮旅游主要基于国内沿海线路和国内邮轮公司运营的层面，因此日本邮轮母港出发客源少，访问港入境客源多。日本于1989 年成立了以促进国际邮轮旅游发展为目的的外航客船协会，促进日本国内

及国际的各类邮轮旅游线路的开通。日本邮轮产业发展政策主要包含宣传及奖励政策、相关组织的建设以及专业人力资源开发三方面。

在宣传及奖励政策方面,日本各级政府及民间团体通过大量的宣传活动加强国民对邮轮旅游的认识,印制发行了介绍港口及相关旅游资源的宣传资料,并通过在国际邮轮会议上设置日本展台等方法对外宣传日本港口。以神户市为代表的地方政府与社会团体合作开展为到港的邮轮举办欢迎仪式,在外籍邮轮上组织日本传统表演等活动来吸引外籍邮轮到访。在加强宣传的同时设立了一系列以费税减免(包括减免入港费、码头使用费及登陆许可费等)为主要形式的奖励政策,这些政策的实施在国内邮轮旅游市场培育及吸引外籍邮轮到访方面起到了十分积极的作用。邮轮产业在发展过程中涉及众多政府部门及企业,因此协调政府各部门及相关企业间的关系就成为促进邮轮旅游产业发展的重要因素。

在邮轮旅游产业发展过程中,日本相关民间组织的建设在行业标准制定、部门间协调、宣传及市场培育等方面起到了十分积极的作用。如成立冲绳邮轮促进联合协会、关西邮轮振兴协会、函馆邮轮振兴协会等。其中,关西邮轮振兴协会的会员包括船舶运营企业。港口有关机构、旅游企业及相关政府机构的主要作用是制定发展邮轮旅游产业的相关战略,同时负责协调各会员间的关系,力求通过各部门的共同努力发挥既定政策的效果。2006年日本国土交通省向日本政府提议,联合日本旅行协会事务局、日本国际旅游振兴会、日本港口协会、外国政府旅游局、各港口管理者、地区政府等机构及旅行社、船舶公司等企业成立外籍邮轮振兴全国协会。该协会主要负责制定全国邮轮旅游战略,定期举办邮轮旅游会议,开展各种邀请国外邮轮相关人士及各种吸引外籍邮轮的活动。

在专业人力资源开发方面,日本外航客轮协会、日本旅行业协会及日本船业协会制定了人力资源开发及培训制度。同时,为了培养熟悉邮轮旅游业务的专业人员,日本邮轮管理机构针对各旅行社中负责邮轮旅游商品销售的负责人进行专门培训,并于2003年11月开始实施研修、邮轮乘船体验、考试等与邮轮旅游相关的人力资源开发政策。

2. 新加坡

新加坡采用以基础设施建设、商业发展和行业能力为重点的三管齐下式的发展战略。新加坡旅游局与邮轮业界加强合作,高标准建设邮轮母港,并提供最好的乘客体验。新加坡旅游局还与邮轮公司合作,开展商业营销活动,使消费者提高对邮轮旅游的认知与需求。新加坡促进邮轮产业发展有以下几大举措:

①成立新加坡邮轮发展署;②成立新加坡机场与港口联运发展基金①,用于提升港口与机场的联运能力。此外,新加坡在邮轮港口规划和运营方面合理引导两个邮轮码头的分工,注重在功能定位上提升游客的体验度。新加坡滨海湾邮轮码头附近周边怡丰城、圣淘沙购物和娱乐设施齐全,已经发展成为亚洲邮轮航域的重要门户港口和中转站。

除了建造码头时的高标准,新加坡邮轮码头的高效运作也是其成功的关键因素。每年约有1 200艘国际邮轮到访新加坡,被国际邮轮协会誉为"全球最有效率的邮轮码头经营者"。此外,新加坡便捷的航空枢纽和成熟的购物、娱乐、餐饮、酒店业也为邮轮旅游的发展提供了强有力的支撑。新加坡邮轮产业鼓励和吸引邮轮总部落户,目前嘉年华等行业巨头已在此建立亚洲地区总部,并形成配套服务体系。

新加坡在旅游局下设有专门的邮轮业务管理部门,由新加坡邮轮中心统一管理两个邮轮码头,自2003年起进行私有化企业管理。新加坡政府定期对邮轮产业进行规划。新加坡邮轮鼓励政策较多,早在1998年,新加坡利用原有较完备的船舶修理和船供配件资源优势以及较为明显的地理优势,将货船维修功能扩展到邮轮领域并建立了新加坡邮轮维修中心。2005年出台航空—邮轮发展基金,专门集资发展航空与邮轮相结合的邮轮前程运输业务。新加坡实行过境96小时免签的政策,为新加坡邮轮前程运输服务以及新加坡母港国内旅游提供制度保障。

3. 韩国

韩国海洋渔业部于2015年2月出台了《支持和促进邮轮产业法》,2016年做了修订。该法不仅界定了邮轮业各项专业术语,而且规定了各级政府在促进邮轮产业方面的责任,要求海洋渔业部每五年制定一次邮轮业的发展规划。该五年发展规划涉及邮轮业投资、邮轮人才培养等十个方面。

韩国邮轮产业的相关政策主要集中在法律及港口建设两大方面。在法律方面,韩国政府修改了海运法中关于国际邮轮公司的相关内容,从法律角度为国际邮轮公司的发展提供了依据;在港口基础设施建设方面,韩国海洋水产部与文化旅游体育部于2007年共同提出了韩国海洋邮轮旅游事业发展方案,目标是增加外籍邮轮在韩国港口的靠泊次数及邮轮游客到访的数量。韩国政府还制订了对釜山港、济州港等6个港口的投资计划,计划到2020年在釜山港、济州港等6个

---

① 新加坡邮轮中心与新加坡旅游发展局及新加坡民用航空局于2006年合作推出的1 000万美元的新加坡 fly-cruise 发展基金。

港口建成 8 个邮轮泊位的邮轮码头,预计总投资金额约为 3 136 亿韩元。韩国政府在建设邮轮旅游相关基础设施的同时还考虑到了韩国整体海洋旅游产业的发展,以及各地区地理位置及城市转型等诸多因素,力求通过邮轮港口的建设带动旅游休闲产业及地区经济的发展。此外,韩国为了加快邮轮经济发展,近年来举办了海洋和港口领导者峰会、航运贸易会议、海事联合会展、航海旅游峰会等活动以促进建立国际旅游交流平台,促进邮轮产业交易。

### 4. 中国香港

香港邮轮港口附近集疏运体系很发达,能够将位于港岛中心的维多利亚邮轮码头的旅客最快速地运输分散到各个旅游景点。香港国际机场是全球最繁忙的客运机场之一,2010 年乘飞机访港旅客超过 2 600 万人次,通过轨道交通连接,可以在 24 分钟以内到达中心商业区,也方便了旅客通过飞机换乘邮轮。香港被誉为"购物天堂",免税商品加上货币汇率的优势吸引着全世界的游客将香港作为邮轮目的地首选。除了购物外,香港的迪士尼乐园、海洋世界以及当地著名美食小吃等使其在邮轮母港的发展上具有很大优势。

除了改善硬件设施外,香港特区政府还不断加强与邮轮市场和邻近港口的联系。香港特区政府充分把握亚太区邮轮市场的发展潜力,成立邮轮业咨询委员会,工作重点包括加强与内地毗邻沿海省份共同开拓邮轮航程,推广区内的邮轮旅游产品,并鼓励邮轮业界和相关行业培训人才。此外,香港还积极拓展区域邮轮合作,已经和广东、广西、福建、海南等省份建立合作关系,共同推出了航游南中国计划,商讨香港兴建邮轮码头后与内地的合作空间,并达成开发旅游路线及研究开发多次性签证等共识。通过与周边省份的合作与联合,香港将进一步提高地区综合实力,从而加固其南海地区邮轮中心的地位。香港对于在港设立的邮轮公司给予免税优惠,并开放邮轮公海游,促进邮轮产业迅速发展。

### (四) 澳大利亚

澳大利亚政府早在 1995 年就制定了邮轮航运国家战略,将发展邮轮经济作为国家海洋旅游发展的主线,并在 2006 年进一步扩展战略规划,出台其修正版本"澳洲-亚太海洋邮轮业务发展计划"。在政府支持下,澳大利亚长期以来在全球邮轮市场中占据重要地位,根据国际邮轮协会 2018 年的数据,除了美洲和欧洲外,澳洲占有全球邮轮旅游市场 6% 的份额,形成了本土邮轮公司和全球邮轮公司共同竞争的市场格局。除了政府的鼓励政策外,澳大利亚还建立了促进邮轮发展的专门非政府组织,该组织为澳洲及南太平洋地区提供合作共赢的市场品牌,将澳洲区域内的邮轮港口、国有/州立旅行社、船代公司、内陆旅游运营者等 78 个成员纳入该组织,为全球邮轮提供世界级邮轮协同和配套服务。此外,澳大利亚建有邮轮行业协会,主要从事南太平洋地区邮轮旅行社的评级、邮轮市场数据分析、邮轮旅客满意度调查等工作。所以,澳大利亚邮轮管理形成了政府战略、非政府组织协同参与、协会市场监管这三个层面。

## 二、境外促进邮轮产业发展的经验借鉴

### (一) 邮轮产业的长期规划

从国内外邮轮政策来看,尤其是邮轮产业起步较晚的国家或城市,通常会制定长远的综合发展规划,以国家战略或城市整体发展出发对邮轮产业进行科学规划,主要考量邮轮产业所能带来的经济效益、社会效益和环境效益等。日本、韩国、新加坡等国都明确了邮轮产业的长期规划,并将其作为国家战略。我国虽然也将发展邮轮经济上升到国家层面,但相应的宣传工作做得还不够,扶持力度还不大。对比邻国日本,在日本各级政府及民间团体的广泛宣传下,日本民众逐步转变对邮轮旅游的态度和旅游休闲的方式,对本国邮轮产业的发展起到积极的推动作用。此外,日本税费减免等奖励政策促进了国内邮轮旅游市场的培育,对本国船队的发展起到有益的推动作用。

### (二) 有序发挥市场主导作用以及政府监督管理和服务引导的职能

在邮轮产业的监督管理方面,国外更多采用以市场为主导的自由竞争和行业自我监督模式,政府监管更多集中于邮轮港口安全和配套交通建设等方面。政府通过扶持邮轮产业的硬件设施和基础配套工程,构建高效的产业运营机制和公共服务,为邮轮产业的发展提供有力的支撑。如新加坡鼓励空海游,迈阿密在邮轮码头修建高速公路直通机场和主要交通枢纽,为邮轮产业发展提供基础保障。美国等国在邮轮产业发展中积极发挥市场的作用,减少政府干预行为。在较为发达的邮轮产业体系中,对于邮轮产业中涉及的邮轮企业、旅行社、邮轮码头、配套交通、酒店餐饮、岸上旅游、船供维修等多方利益相关主体,政府统一将它们纳入类似行业协会或非政府组织的管理平台中,依托企业信用和行业监督对这些行业单位进行管理。

### (三) 重视邮轮人才的培养

亚洲地区邮轮产业起步总体较晚,对于邮轮这一新兴事物,人才队伍和相关

研究都有所欠缺。韩国近年来举办关于邮轮产业的国际交流和行业交易会展活动,不但为起步阶段的韩国邮轮产业提供了学习国外经验的机会,也有效地提升了韩国邮轮市场的品牌。

# 第五节　中国邮轮产业发展的对策建议

## 一、设立自贸区邮轮港专区的必要性和可行性

### (一)充分发挥国家战略的叠加效应

国家邮轮旅游发展实验区和自贸区都具有制度创新、先行先试的功能。此外国务院 19 号文也有促进和规范邮轮产业发展的规定。2019 年上海作为全国第一个邮轮旅游发展实验区做出很多制度创新,如邮轮旅游经营规范、过境检疫直供、国际邮轮船供货柜试转运,以及试点邮轮船票制度及邮轮旅游示范合同等。2019 年上海被国家文旅部授予邮轮旅游发展示范区,但由于是国家文旅部批的,各部委的协调推进不如自贸区力度大。设立自贸区邮轮港专区可以实现国家战略叠加,针对性更强。

邮轮产业对接上海自贸区有利于丰富自贸区的试验功能。上海自贸区内拥有货运码头、国际机场、保税区等,适合开展货物贸易自由化方面的制度创新,但自贸区除此功能外还需涵盖金融改革、外资准入、政府管理这三部分的制度创新,相对较小的自贸区区域内无法实现全面的改革创新。扩区后的自贸区功能得到延伸,目前自贸区内坐拥国际海上货运、航空客运、航空货运,唯独缺少国际海上客运这一功能,而邮轮正好可以弥补上海自贸区的这一空缺。通过在自贸区内尝试邮轮的制度创新,从而形成完整的对外开放和口岸管理的实验功能,全面系统地检验制度创新的效果。

邮轮业作为一种新兴旅游业态和产业体系,在发展过程中面临许多阻碍,需要在航运、港口、旅游、金融、税收等领域突破现有制度瓶颈,很多改革创新涉及中央事权,地方尝试制度创新遇到较大阻力。虽然中国的国家邮轮实验区提出了先行先试的要求,但在实际操作中,由于实验区由国家文化和旅游部牵头,所以协调海关、税务、交通、财政等中央部委有难度。自贸区作为国家战略,地位高于邮轮实验区,依托自贸区进行区港联动制度创新,有利于邮轮产业的大胆尝试和突破现有政策。

**（二）制度创新只有在邮轮旅游发展实验区才能达到邮轮产业集聚的效果**

对于邮轮港口城市而言，简单的政策扶持并不适合邮轮经济的长期健康发展，必须通过优化投资环境、提高行政服务水平、制定适合邮轮产业发展的政策等措施，吸引国外邮轮公司设立总部，吸引更多邮轮将中国作为母港。上海自贸区的制度创新中投资准入、海关监管、政府职能转变都与发展邮轮经济密切相关。由于自贸区多是从传统的海关特殊监管区升级而来，无法涵盖邮轮产业，如上海自贸区从 28 平方千米扩容到 120 平方千米，将专业服务领域也扩大到有产业基础的张江、陆家嘴、金桥等地，2019 年又新增了临港地区作为上海自贸区新片区，作为特殊经济功能区。与邮轮相关的专业服务产业的发展必须通过区内区外联动，发挥自贸区溢出效应，推动邮轮经济的新一轮发展。

**（三）邮轮旅游发展实验区复制推广自贸区制度创新的障碍和对策建议**

2015 年 1 月，国务院发布的《关于推广中国（上海）自由贸易试验区可复制改革试点经验的通知》（国发〔2014〕65 号）提出：原则上，除涉及法律修订、上海国际金融中心建设事项外，能在其他地区推广的要尽快推广，能在全国范围内推广的要积极推广到全国。

邮轮旅游发展实验区可以复制推广的改革创新举措有如下几方面。

（1）投资管理领域。中国（上海）自贸区允许外资企业以超过 49％的股权比例投资运输企业，应允许在邮轮旅游发展实验区内设立合资合作邮轮公司全资船舶管理子公司。

（2）贸易便利化领域。邮轮维修业务监管、邮轮中转货物原产地管理、邮轮检验检疫通关无纸化、邮轮食品第三方检验结果采信。

（3）服务业开放领域。允许在邮轮旅游发展实验区内开放教育等服务业，允许邮轮游艇融资租赁公司兼营与主营业务有关的商业保理业务，邮轮融资租赁公司设立子公司不设最低注册资本限制。

（4）邮轮登记建造方面。中资企业购买或建造的邮轮可以悬挂方便旗，享受自贸区有关税收优惠政策以及非五星旗邮轮可以运营中国沿海业务的有关政策。

以上四条创新举措，完全基于国务院 65 号文已明确的可复制推广的自贸区经验，可在邮轮旅游实验区内实施。

具体建议如下：

第一，促进邮轮船供(货物贸易)的监管模式创新和税收优惠。遵循国际惯例，对国际邮轮公司采购物品给予进口保税、中转免税、通关和检验检疫手续费减免、手续便捷快速的政策。对国际邮轮公司在中国，特别是邮轮母港所在城市采购物品出口退税或直接免税。

对在自贸区邮轮港专区内注册，符合相关部门资质要求的邮轮船供企业给予营业税、所得税两免三减半的优惠政策。对注册在区内，符合相关部门资质要求的邮轮船供企业，入区邮轮船供物品视同出口，办理相关出口退税政策，对在区内设立地区采购总部及母港航线的国内外邮轮公司在中国境内采购邮轮物品的予以直接免税(增值税)政策。

赋予邮轮专用仓库进口保税和出口监管双重功能，对在区里设立总部的邮轮公司在国外采购的邮轮货物实行进口中转保税，保税货物出库时依法免征关税和进口环节代征税。对国内采购货物入区退税(出口货物销售增值税)，比照日本、新加坡等港口船供货物转运的相关程序，简化进出境程序。此外，在专区内建立国际邮轮食品安全示范基地，构建冷链物流体系、邮轮船供食品和其他物品安全检测体系和溯源体系，保障邮轮食品安全和运营安全。

第二，与邮轮相关的服务业进一步对外开放。上海自贸区制度创新涉及服务业六领域的扩大开放，但是在(上海)中国邮轮旅游发展试验区还不适用，因为虹口和宝山等邮轮港区并不在上海自贸区物理范围内。建议参照自贸区服务业对外开放的有关举措，允许在邮轮旅游发展实验区内注册的符合条件的外商独资旅行社，从事除台湾地区以外的出境旅游业务；允许在邮轮旅游发展实验区设立中外合资人才中介机构，外方合资者可以拥有不超过70%的股权；允许在邮轮旅游发展实验区内举办中外合作经营性教育培训机构；允许在区内举办中外合作经营性职业技能培训机构。下放相关行政审批权限至邮轮旅游发展实验区，例如，中外合资的教育培训机构在上海自贸区可自由设立，不再有前置审批的环节。而自贸区以外，如果成立中外合资的教育培训机构，先需要商务委的批复，按照合资公司的程序，然后需要得到教育部或人社部批准，教育部负责批准教育培训机构，人社部负责批准职业技能培训机构，才可以在工商注册企业。目前只有自贸区内允许设立外商独资国际船舶管理公司，邮轮管理先进经验来自国外，自贸区内现在还没有邮轮船务管理的现实需求，邮轮旅游发展实验区里非常需要这一业态的发展。应允许外资在邮轮旅游实验区设立外商独资邮轮船务公司和船舶管理机构。

## 二、加强中国邮轮旅游发展实验区的保障体系

### (一) 邮轮旅游发展实验区的组织保障

虽然很多地方都有省市级邮轮旅游发展领导小组,由分管市领导亲自作为召集人,但是没有常设实体机构推进,工作无抓手,仍然难以协调发改委、海关、商检、税务、交通委等各部门,与中央各部委的直接沟通与对接不如国际航运中心建设中央各部委联席会议及自贸区联席会议便捷。中国邮轮旅游发展试验区到现在尚没有具体的制度体系,没有常设管理机构,没有具体可落地操作的政策。借鉴自贸区建设的经验,首先要在中国设立自贸区邮轮港管委会,或邮轮旅游发展实验区管委会,由分管副市长担任管委会主任,区政府分管领导担任相关职务,相关职能部门入驻。

### (二) 邮轮旅游发展实验区的法治保障

目前,我国邮轮行业尚未形成完整的法律体系,具体运营过程中,大多参照货轮标准执行,在保障和监管中存在空白和滞后的现象。国家层面立法应从保证邮轮安全、维护游客权益、放宽邮轮上中国船员的比例限制、放宽二手邮轮船龄限制、进一步扩大旅游服务业和航运服务业对外开放等方面着手。

全国人大、国家市场监督管理总局、工商总局、海关总署、上海市交通委先后出台了一系列的法律规范文件,从法律层面保障自贸区制度创新。搞好中国(上海)邮轮旅游发展实验区工作离不开法律制度的保障。

(1) 建议国家商务部、文化和旅游部、国家工商总局联合出台类似于"支持中国邮轮旅游发展实验区建设制度创新的若干意见"等相关文件,允许在邮轮旅游发展实验区里试行中资旅行社和国际邮轮公司合资设立邮轮旅行社,开展相应的邮轮出境旅游业务,延伸邮轮产业链。

(2) 建议国家商务部出台支持意见,允许在中国(上海)邮轮旅游实验区里加强与外资邮轮人才中介机构的合作,打造上海邮轮人才服务中心。

(3) 建议国家商务部、教育部、工商局联合发文,允许在邮轮旅游实验区里设立中外合作教育培训机构和职业技能培训机构。

(4) 其他涉及国家层面的监管制度创新及税收政策,如海关总署对"国际邮轮、游艇、游船监管方案""供国际物品海关特殊监管办法""邮轮船供退税"等还需要海关总署、国家市场监督管理总局、财政部、国家税务总局紧密配合,共同做

出顶层设计。

总之,中国邮轮旅游发展了 10 多年,要上升到国家战略,一方面要通过复制推广现有自贸区的制度创新,另一方面要在新的邮轮旅游发展示范区内进一步试点创新适合邮轮产业发展特点的新制度。最后要在国家层面制定统一的法律和政策体系。

［1］ 昌道励.穗加速打造亚洲顶级国际邮轮母港［N］.南方日报,2016‐12‐07.

［2］ 陈守君,赵利.吉林将"借港出海"发展海上邮轮旅游［N］.中国旅游报,
2010‐02‐26.

［3］ 丁金胜.青岛市发展邮轮经济的对策和建议［J］.青岛职业技术学院学报,
2010(4)：16‐18.

［4］ 丁宁.亮点纷呈的2007上海旅游［N］.中国旅游报,2008‐01‐18.

［5］ 丁宁.首艘国产豪华邮轮有望在上海诞生［N］.中国旅游报,2015‐10‐28.

［6］ 高舜礼."一带一路"建设与旅游先行［N］.中国旅游报,2015‐12‐11.

［7］ 宫斐.基于PEST分析的"广西北部湾—东盟"邮轮旅游发展研究［J］.东南
亚纵横,2015(5)：16‐19.

［8］ 关向东.香港和海南携手打造邮轮旅游［N］.商务时报,2008‐08‐30.

［9］ 郭川.六部委联合发文加快邮轮自主设计和建造［J］.珠江水运,2015
(19)：59.

［10］ 郭萍.对邮轮合同法律性质的探究及思考［J］.中国海商法研究,2016(1)：
55‐62.

［11］ 姜秀敏.上海邮轮经济发展的潜力研究［D］.上海：上海海事大学,2006.

［12］ 李浩源,周天杰,邬波.海南邮轮游艇业：将成"漂浮在黄金水道上的黄金
产业"［N］.国际商报,2015‐10‐27.

［13］ 李文菲.中日旅游大连高端论坛［N］.中国旅游报,2016‐06‐10.

［14］ 李小年,颜晨广.中国发展邮轮产业的若干政策与法律问题［J］.中国海商
法研究,2013(3)：48‐53.

［15］ 李晓,平陈冬.开发"海上丝绸之路"邮轮航线［N］.厦门日报,2015‐
12‐17.

［16］李永壮.关于借力澳门自由港政策发展湛江邮轮经济的思考［J］.珠江水运,2011(22)：65－67.

［17］林露虹.我市将启动首个"海丝"邮轮旅游项目［N］.厦门日报,2016－03－15.

［18］柳礼奎,焦慧元.京津冀协同视域下天津邮轮旅游发展策略［J］.天津经济,2014(8)：16－18.

［19］吕方园,郭萍.邮轮霸船之法律考量——以《旅游法》为分析进路［J］.旅游学刊,2014(10)：108－115.

［20］门达明,吴肖淮.南海邮轮旅游圈战略构想——以海南省为基点［J］.特区经济,2015(6)：127－129.

［21］孟钰.邮轮旅游承运人法律责任研究［D］.青岛：中国海洋大学,2013.

［22］苏枫.探索北部湾邮轮旅游圈的构建［J］.中国商贸,2014(11)：141－142.

［23］孙瑞红,叶欣梁,徐虹.中国邮轮市场的价格形成机制与"低价困境"研究［J］.旅游学刊,2016,(11)：107－116.

［24］孙晓陵.打造区域旅游合作典范　推动长江旅游经济带建设［N］.三峡日报,2015－09－22.

［25］谭晓楠,张言庆.中国本土邮轮企业集团化发展战略研究［J］.青岛职业技术学院学报,2016(3)：74－77.

［26］唐莉.上海邮轮市场发展研究［J］.世界海运,2015(5)：37－40.

［27］汪泓,等.中国邮轮产业发展报告(2016)［M］.北京：社会科学文献出版社.2016.

［28］汪泓,等.中国邮轮产业发展报告(2017)［M］.北京：社会科学文献出版社.2017.

［29］汪泓,等.中国邮轮产业发展报告(2018)［M］.北京：社会科学文献出版社.2018.

［30］谢代明.邮轮承运人责任分析［D］.大连：大连海事大学,2011.

［31］谢睿琳.探索两岸四地邮轮旅游圈的构建［J］.旅游纵览（下半月）,2015(2)：149.

［32］杨春虹.旅游特区："一带一路"的海南行动［N］.海南日报,2015－03－31.

［33］叶欣梁,梅俊青.中国邮轮经济运行分析与发展预测(2018)［M］.上海：上海交通大学出版社,2018.

［34］张洁."旅游＋"背景下辽宁沿海经济带旅游发展探析［J］.经济研究导刊,2017(11)：111－112,116.

［36］张锡焕，许志军. 中越海上旅游航线正式复航［N］. 中国水运报，2006 - 03 - 13.

［37］张晓蕙. 邮轮旅客权益保障法律问题研究［D］. 大连：大连海事大学，2016.

［38］赵利. 吉林：东北亚区域合作显成效［N］. 中国旅游报，2016 - 11 - 04.

［39］赵玉竹. 厦门经济特区邮轮业发展研究［D］. 厦门：集美大学，2015.

［40］中国交通运输协会邮轮游艇分会，上海海事大学亚洲邮轮学院，中国港口协会邮轮游艇分会. 2018 中国邮轮发展报告［M］. 北京：旅游教育出版社，2019。

［41］中越海上旅游航线实现游客互往［J］. 空运商务，2006(30)：28.

［42］周崇翰. 邮轮旅游纠纷中的不可抗力［J］. 法制与社会，2016(11)：78 - 79.

［43］庄伟光，黄晓慧，拓展"21 世纪海上丝绸之路"区域旅游立体网络［N］. 中国社会科学报，2015 - 02 - 04.

［44］庄伟光，邹开敏. 21 世纪海上丝绸之路建设背景下粤港澳台旅游合作研究［J］. 新经济，2015(16)：19 - 24.

［45］庄伟光，邹开敏. 基于旅游视角的海洋文化产业发展研究——以广东为例［N］. 亚太经济时报，2014 - 08 - 07.

［46］BREA. The contribution of cruise tourism to the Southeast Asia Region in 2014，prepared for CLIA Southeast Asia，September 2015.

［47］BREA. The contribution of the international cruise industry to the U. S. economy in 2016，prepared for Cruise Lines International Association，May 2017.

［48］BREA. The economic contribution of cruise tourism to the North Asia Region in 2016，prepared for CLIA North Asia，May 2017.

［49］CLIA Australia，Australia cruise impact study，October 2018.

［50］Vayá，Esther García Sanchis，José Ramón，etal. Economic impact of cruise activity：the port of barcelona［R］. 2016.

　　2002 年笔者获得日本国际协力事业机构的资助到日本九州大学法学研究院攻读国际经济商业法的博士学位。2005 年完成学业返沪后,在上海社会科学院法学所领导的支持下,与同事一起组建了海商法海洋法研究中心,出版了英文学术专著《运输单证最新立法与实践——从物权凭证到控制权凭证》,在著名的国际统一私法学会的刊物 *Uniform Law Review* 上发表了英语论文,并入选联合国贸易发展委员会《鹿特丹规则》(全称为《国际海上货物运输合同法公约》)的学术参考文献。此外,笔者还主持上海市浦江人才计划资助课题和上海市决策咨询课题多项,在《法学》《学习与探索》《国际经贸探索》《政治与法律》等 CSSCI 期刊上发表论文数十篇。

　　2008 年,我有幸作为上海宝山区党外干部挂职基地的第一批挂职干部到宝山区挂职,开始接触上海国际航运中心的新领域——邮轮经济,并先后任职宝山区政协副主席、九三学社宝山区委主委、宝山区滨江委和商务委副主任,进一步开拓了视野。在参政议政、从政的繁忙工作之余,笔耕不辍,主持和参与了国家社科基金重大课题子课题两项(深化金融体制改革研究、完善我国海洋法律制度研究),决策咨询课题如海洋经济、服务经济、邮轮经济课题、自贸区课题等 30 余项。主持的课题、撰写的有关自贸区与邮轮经济发展的论文和合作研究成果获得各种奖项,包括第三届上海市法学会优秀成果论文类三等奖、上海市政协优秀提案特别奖、宝山区统战理论征文一等奖、上海市发展改革咨询二等奖以及第十一届上海决策咨询成果奖三等奖等。在宝山区商务委、滨江委工作时,我开始从贸易和航运的角度开展邮轮产业研究,并且理论结合实践,不仅在上海市商务委的大力支持下积极推动设立全国第一个邮轮服务贸易示范项目和示范基地,还在上海市商务委的支持下开始探索邮轮服务贸易的理论体系和研究框架。2018 年在上海市商务委的支持和指导下完成了全国第一份邮轮旅游服务贸易发展的研究报告,并于 2019 年完成了第二份《上海邮轮旅游服务贸易发展报告》。

　　本书写作过程历时 5 年,得到很多专家、学者和领导的支持。特别要感谢孙福庆、孙卫国、郑炜航、王友农、卢正、程爵浩、肖宝家、叶欣梁、徐珏慧、梅俊青等专家和领导的支持与帮助。感谢上海市商务委、上海市宝山区滨江委、上海国际邮轮经济研究中心、中国港口协会邮轮游艇分会、中国交通运输协会邮轮游艇分会、上海吴淞口国际邮轮港发展有限公司提供信息和资料(如有遗漏之处请见谅)。感谢为本书提供数据更新、资料搜集、排版、统稿和校对等工作的王吉、凌璐、沈阳、汪梅青等研究生。

李小年

2020 年 5 月于上海